Dr Georges PETIT
Médecin stagiaire au Val-de-Grâce.

I0102926

L

ÉTUDE MÉDICO-PSYCHOLOGIQUE

SUR

EDGAR POE

« *Je soupire après la sympathie — j'allais dire la pitié — de mes semblables. Je voudrais leur persuader que j'ai été en quelque sorte l'esclave de circonstances qui défiaient tout contrôle humain. Je désirerais qu'ils découvrissent, dans les détails que je vais leur donner, quelque oasis de fatalité dans un sahara d'erreurs.* »

WILLIAM WILSON.

A. MALOINE, ÉDITEUR

25-27, rue de l'Ecole-de-Médecine   Rue de la Charité, 6
PARIS   LYON

1906

Dr Georges PETIT
Médecin stagiaire au Val-de-Grâce.

ÉTUDE MÉDICO-PSYCHOLOGIQUE

SUR

EDGAR POE

« *Je soupire après la sympathie — j'allais dire la pitié — de mes semblables. Je voudrais leur persuader que j'ai été en quelque sorte l'esclave de circonstances qui défiaient tout contrôle humain. Je désirerais qu'ils découvrissent, dans les détails que je vais leur donner, quelque oasis de fatalité dans un sahara d'erreurs.* »

WILLIAM WILSON.

A. MALOINE, ÉDITEUR

25-27, rue de l'Ecole-de-Médecine
PARIS

Rue de la Charité, 6
LYON

1906

A LA MÉMOIRE DE MON PÈRE

ET DE MES CHERS DISPARUS

A MA MÈRE

A MES PARENTS

A MES AMIS

A MON PRÉSIDENT DE THÈSE

Monsieur le Professeur LACASSAGNE

Professeur de Médecine légale à l'Université de Lyon,
Officier de la Légion d'Honneur.

A MES MAITRES

AVANT-PROPOS

M. le professeur Lacassagne nous a inspiré le sujet de cette thèse et nous fait aujourd'hui le très grand honneur de la présider. Dans son laboratoire où il nous a souvent aidé de ses conseils, il nous a démontré au cours de ses leçons magistrales l'intérêt puissant de la science médico-légale. C'est à lui que vont nos premiers remerciements ; nous le prions d'agréer notre vive gratitude et de nous considérer toujours comme son élève respectueux et reconnaissant.

Nous garderons un excellent souvenir de l'amabilité de MM. les Drs E. Martin et Locard qui nous ont accueilli avec la plus grande bienveillance.

Nous avons eu plusieurs fois recours dans l'intérêt de notre thèse à la haute compétence de M. E. Lauvrière, docteur ès lettres, professeur au lycée Charlemagne ; nous lui adressons nos sincères remerciements.

PETIT.   1

M. le médecin-major Boisson nous a témoigné une vive sollicitude ; il nous a soigné avec dévouement ; nous ne l'oublierons pas.

Nous remercions enfin tous ceux de nos camarades dont l'amitié nous a été chère, qui nous ont aidé à supporter quelques tristesses en nous donnant quelques joies.

INTRODUCTION

I. — Parmi les écrivains américains, Edgar Poe est un des plus populaires par la beauté d'un style imagé et bizarre, le fantastique de ses descriptions, l'horreur de ses récits hallucinés qui ébranlent les nerfs du lecteur le plus prévenu. On a beaucoup écrit sur ce poète qui a eu des admirateurs et des détracteurs passionnés. Les ouvrages américains sur Poe sont légion ; en France, depuis Baudelaire qui nous l'a fait connaître, des études plus ou moins complètes sur sa vie et son œuvre ont été faites par Moreau de Tours, Barbey d'Aurévilly, Hennequin, de Wyzewa, Arvède Barine, tout récemment E. Lauvrière. Il semble au premier abord qu'il n'y ait plus rien à dire sur cet écrivain et une thèse de médecine peut paraître non seulement superflue, mais prétentieuse.

Cependant la personnalité d'E. Poe appartient presque tout entière à la Pathologie Mentale. Les premiers auteurs qui s'occupèrent de lui comprirent bien vite tout ce qu'avait d'anormal sa vie aventureuse, désordonnée, pleine de tristesses, terminée d'une façon lamentable. L'alcoolisme de Poe est légendaire tout autant que celui d'Hoffmann qui pourtant ne lui ressemble guère. Il lui a valu la réputation d'un débauché miséreux et coupable toujours à la recherche de la fortune que ses excès lui faisaient perdre. A la suite de Griswold, son biographe et exécuteur testamentaire, les revues anglaises et américaines lui attribuèrent tous les vices et l'injurièrent à l'envi. De nos jours, l'orage s'est calmé, et c'est précisément la pathologie qui est la cause de cette rédemption, en montrant toute l'irresponsabilité d'une conduite qui outrageait si fort la morale anglo-saxonne.

On doit aller plus loin et dire : non seulement la vie de Poe est incompréhensible sans les éclaircisments de la science, mais encore son œuvre elle-même doit être étudiée à la lumière de la pathologie mentale. C'est ce qu'ont bien compris les biographes français de notre époque dans leurs études sur le poète : Arvède Barine et Lauvrière surtout se sont hardiment servi des dernières découvertes de la psychiatrie. A côté de ces gens de lettres, il reste donc une place pour un travail purement médical et sans aucune prétention littéraire.

La médecine aliéniste a d'ailleurs à notre époque une tendance très logique à rechercher ce qu'il y a d'étrange et d'anormal dans l'intime personnalité des plus grands génies, souvent d'autant plus rapprochés des humains et de leurs défauts qu'ils semblent s'en éloigner davantage. Et sans remonter à Moreau de Tours, le véritable précurseur de cette méthode,

sans parler du D' Toulouse qui a étudié Émile Zola,
qu'il nous soit permis de signaler les nombreuses
thèses médico-psychologiques que M. le professeur
Lacassagne a inspirées à ses élèves de l'Université de
Lyon, celles des D'' Loygue, Vieille, Paître et Guillois pour ne citer que les plus récentes.

II. — Nous étudions, dans les chapitres qui suivent, l'état mental de Poe et son influence sur son
œuvre. Ce travail peut paraître à première vue difficile étant données l'existence du poète écoulée dans
un pays lointain et sa mort déjà ancienne. Il a été
singulièrement facilité par l'œuvre elle-même. Nous
n'avons pas eu l'écrivain à notre disposition comme
le médecin qui établit son diagnostic d'après les
symptômes donnés directement par un malade ;
nous avons eu la description qu'il a faite lui-même
de ses sensations anormales, de son esprit déséquilibré. Ses poésies, ses contes en prose fournissent au
médecin et au psychologue une mine inépuisable de
renseignements ; nous verrons l'énorme part d'autobiographie qu'ils renferment.

Nous nous sommes servi de l'admirable traduc-
tion de Baudelaire qui a réuni les principales histoires extraordinaires d'Edgar Poe, son roman de
A.G. Pym, Eureka, le Corbeau et divers articles moins
intéressants. Pour les autres œuvres, nous avons
consulté les publications anglaises et américaines
que nous avons pu nous procurer et faire traduire,
notamment *The Works of E. A. Poe*, publiés, par
Armstrong à New-York. Nous avons enfin largement

usé, surtout pour les détails biographiques et bibliographiques, du beau livre de M. Lauvrière : *E. Poe. Sa vie et son œuvre.* Il nous a été d'un grand secours et nous sommes heureux de lui rendre ici l'hommage qui lui est dû.

Nous avons divisé notre travail en trois grandes parties en suivant autant que possible l'ordre d'une observation médico-légale. La première est consacrée à l'étude des influences qui ont agi sur l'écrivain, par la recherche des antécédents et l'histoire de la vie ; nous avons tâché de mettre en relief les faits seuls qui intéressent le médecin.

La deuxième montre le résultat de ces influences, c'est-à-dire l'état mental lui-même. Nous observerons successivement en suivant la classification ordinairement admise des facultés de l'âme : le sentiment, le caractère et l'intelligence. Nous avons fait un chapitre spécial pour la dipsomanie et l'opiophagie, si importantes à étudier.

Dans la troisième partie, nous rechercherons dans l'œuvre ce qui est pathologie, les descriptions d'états morbides, tels que : hallucinations, obsessions, etc., et leur réalité scientifique.

CHAPITRE PREMIER

La Vie. — Les Antécédents. — Le Portrait.

Edgar Poe naquit à Boston le 19 janvier 1809. Les premiers renseignements précis que nous avons sur ses antécédents remontent à son grand-père paternel, David Poe, auquel ses concitoyens décernèrent le titre de « général » en souvenir des services éminents qu'il rendit à la cause nationale pendant la guerre de l'indépendance. Il eut probablement sa vie entachée par un certain degré d'alcoolisme, comme l'indique une lettre adressée à Edgar par l'un de ses cousins : « Il y a une chose contre laquelle je désire vivement vous mettre en garde, et qui a été le grand ennemi de notre famille : c'est l'usage immodéré de la bouteille (1). »

Le « général » Poe eut sept enfants : l'aîné, David, fut le père du poète ; une fille, Marie, épousa un habitant de Baltimore, William Clemm ; nous verrons plus loin toute l'importance de son rôle « d'ange

---

(1) William Poe à Edgar, 15 juin 1843, dans le *Century Magazine*, septembre 1894.

gardien » dans l'existence de l'écrivain. La vie des
autres enfants du grand-père d'Edgar n'offre rien
d'anormalement intéressant. Il faut toutefois signaler
qu'on a voulu attribuer au « général » la paternité
d'un personnage grotesque qui se distingua à Baltimore par ses excentricités.

David Poe fut destiné par son père au barreau;
mais, follement passionné de théâtre, il abandonna
plusieurs fois ses études, et finit, renié par les siens,
par échouer dans une troupe ambulante de comé-
diens de second ordre. Il y fit la connaissance d'une
jeune actrice déjà veuve, douée d'un physique agréa-
ble et d'un certain talent, et l'épousa. Très certainement alcoolique, probablement tuberculeux (1), il
traîna pendant ses cinq années de mariage une vie
effacée et misérable et mourut à l'âge de quarante ans.
Sa femme, d'une sensibilité excessive exaltée par les
misères d'une vie errante et les émotions de son
métier d'artiste, surmenée, tuberculeuse, succomba à
une pneumonie, peu de temps après la mort de son
second mari. Elle eut trois enfants nés dans les pires
conditions hygiéniques, entre deux représentations,
élevés sans aucun soin, laissés souvent sans nour-
riture (2).

(1) Griswold (*Poets and Poetry of America*) a dit: « Son père et sa
mère (d'Edgar) moururent de consomption à quelques semaines de
distance l'un de l'autre. » Voir LAUVRIÈRE : *E. Poe. Sa vie et son œuvre.*

(2) Un biographe d'E. Poe, William Gill, cité par Lauvrière, rapporte
que, pendant les derniers moments de David Poe et de sa femme, des
visiteurs qui leur apportaient des secours les trouvèrent étendus sur
un lit de paille, sans feu ; à côté d'eux étaient deux petits enfants
presque nus, maigres et à demi morts de faim ; le plus jeune était
nourri avec du pain trempé dans du genièvre.

De ces trois enfants, l'aîné, William, âgé de cinq ans à la mort de sa mère, fut alors amené à Baltimore par des amis qui l'adoptèrent. Il s'engagea plus tard dans la flotte des États-Unis, combattit contre les Turcs, alla en Russie et revint mourir tout jeune à Baltimore. D'une imagination très vive, mais déréglée, possédant beaucoup de goût et de talent poétiques, il avait un caractère bizarre, un véritable besoin de déplacement ; il buvait avec excès.

Sa sœur Rosalie, la dernière née, ne put jamais rien apprendre ; inintelligente, presque idiote, grotesque dans ses costumes et ses manières, elle mourut dans une maison de charité en 1874.

Nous trouvons donc dans l'ascendance de Poe une hérédité alcoolique très nette. Notion capitale, car on sait quelle est l'influence de l'alcool sur le système nerveux du buveur et de ses enfants. Les fils d'alcooliques sont presque tous des dégénérés, beaucoup boivent comme leurs parents. Il est à remarquer que ce sont le rhum et le punch qui étaient les boissons favorites des Américains du Sud au début du xixᵉ siècle. « Le bol de punch, dit W. Gill, ne semblait pas moins indispensable dans le vestibule que le plateau aux lettres, et l'on y puisait aussi librement la généreuse liqueur que de nos jours l'eau glacée. »

Edgar Poe n'avait pas trois ans lorsqu'il se trouva orphelin. Une jeune femme, Mᵐᵉ Allan, qu'avait attirée le charme de sa jolie petite figure l'emmena chez elle, l'aima et décida son mari à l'adopter. L'enfant montra bientôt de brillantes qualités d'esprit, mais à côté des manifestations d'une intelligence bien au-dessus de la moyenne de celle de ses camarades, il fit preuve d'une impressionnabilité très grande, d'une volonté facilement irritable, inconstante et difficile à gouverner ; très capricieux, orgueilleux, entêté, aussi mobile dans ses idées que dans ses actes, E. Poe, dès son jeune âge, présenta des anomalies de caractère explicables par son hérédité morbide (1); en somme un manque d'équilibre mental qui le range dans la catégorie de ceux que la science appelle des « prédisposés héréditaires ». Il a dit lui-même : « Je suis le descendant d'une race qui s'est distinguée en tout temps par un tempérament imaginatif et facilement excitable, et ma première enfance prouva que j'avais pleinement hérité du caractère de famille... Je devins volontaire, adonné aux plus sauvages caprices, je fus la proie des plus indomptables passions. » Ces passions, ses parents adoptifs furent impuissants à les arrêter ; charmés par sa précocité, ils contentèrent tous ses désirs. « Il y eut de leur côté quelques tentatives faibles, mal dirigées, qui échouèrent totalement et qui tournèrent pour moi en triomphe complet. A partir de ce moment, ma voix fut une loi domestique, et à un âge où peu d'enfants ont quitté leurs lisières, je fus abandonné à mon libre arbitre, et devins le maître de toutes mes actions, excepté de nom (2). »

---

(1) Il dit dans son conte de *William Wilson* : « Je dois croire que mon premier développement intellectuel fut en grande partie peu ordinaire et même déréglé. »

(2) *William Wilson.*

En juin 1815, M. Allan et sa femme, appelés en Angleterre, emmenèrent avec eux le petit Edgar et le mirent en pension dans une école des environs de Londres. Il y resta cinq ans et garda toujours un souvenir attendri de son séjour dans cette école, ce « brumeux village » qu'il a minutieusement et avec tant de plaisir décrit dans son conte de *William Wilson*.

À son retour en Amérique, Poe continua ses études à Richmond ; il se fit bientôt admirer par ses camarades pour son intelligence, son esprit primesautier, son adresse dans les sports alors à la mode : « sa passion dominante était une ardeur enthousiaste en tout ce qu'il entreprenait » (1). Malgré ses brillantes qualités, il n'avait pas d'amis : on lui reprochait son air dédaigneux qui cadrait mal avec la modestie de son origine, son caractère impérieux, son indifférence. En dehors de ses études, il s'absorbait déjà dans la recherche des grands phénomènes naturels, dans la composition de poésies satiriques ou galantes. Il éprouva, vers cette époque, une très vive passion pour la mère d'un de ses camarades de classe âgée de trente et un ans et, après sa mort, alla pendant longtemps visiter de nuit le cimetière où elle reposait. Il avait quinze ans. C'est là un fait très intéressant ; à l'âge où la puberté s'éveille, nous remarquons chez Poe une tendance anormale de l'instinct sexuel ; cet amour purement platonique

(1) Professeur Clarke dans la préface de *Poetical Works of E. Poe*, London, 1882.

(2) LAUVRIÈRE : *E. Poe, loc. cit.*

pour une femme qui aurait pu être sa mère, amour accompagné de tristes rêveries, est déjà une aberration du sens génital (1) qu'accompagnent, nous venons de le voir, une curiosité morbide et des anomalies de caractère et d'intelligence. Nous allons suivre les transformations de cet état mental déséquilibré, étudier les modifications qu'y apportent l'adolescence et l'âge adulte.

En mars 1825, Poe quitta l'école de Richmond, pour se préparer, à l'aide de leçons particulières, à entrer à l'Université de Virginie ; pendant son séjour chez ses parents, il fit la connaissance d'une jeune fille, Elmira Royster, l'aima et en fut aimé ; il échangea longtemps avec elle des lettres passionnées, pleines d'un amour qu'il croyait éternel et qui cessa brusquement à la nouvelle du mariage de l'amante.

En février 1826, il entra à l'Université de Virginie ; il y suivit des cours de langues anciennes et modernes et fit de sérieux progrès dans leur étude, surtout dans celle des langues vivantes et particulièrement du français. Malheureusement, parmi les étudiants de ces écoles de création toute récente, sévissaient deux grandes passions : le jeu et la boisson. Poe, pourtant d'humeur mélancolique et peu sociable, s'associa à ses camarades pour se livrer aux mêmes excès avec l'emportement qu'il mettait en toute chose. Il commença à boire, mais d'une façon qui n'était pas celle de tout le monde. « Ce n'était point le goût du breuvage qui l'attirait : sans y tremper les

---

(1) Voir MAGNAN et LEGRAIN : *Les Dégénérés.*

lèvres à l'avance ni en humecter sa langue. il s'emparait d'un verre plein sans eau ni sucre et l'avalait d'un trait. Il en avait le plus souvent son compte ; mais s'il n'était pas « réglé » il était rare qu'il revînt à la charge » (1). C'est là de la dipsomanie que nous étudierons dans un chapitre spécial. Il nous suffit maintenant de constater le mode d'apparition de cette tare héréditaire. Fils d'alcoolique, Poe était par cela même prédisposé à ressentir avec intensité les effets de l'alcool dans son organisme. La contagion de l'exemple le pousse à boire et de suite son système nerveux déjà anormal réagit d'une façon anormale. Quelle fut alors sa boisson favorite ? Du vin probablement, d'après son conte autobiographique de *William Wilson*.

Il jouait aussi beaucoup et faisait des dettes nombreuses ; son père adoptif M. Allan finit par les trouver exagérées, refusa d'en payer un certain nombre, et ramena chez lui le jeune prodigue ; Edgar irrité de ne pouvoir faire honneur à sa parole, ne voulant pas, dit-on, entrer dans le commerce selon le désir de son protecteur, abandonna ses parents. Il avait dix-huit ans. Il venait de publier, peu avant son coup de tête, un volume de poésies : *Tamerlan et autres poèmes par un Bostonien* où se montre déjà son tempérament de rêveur orgueilleux, à la recherche de l'extase qui est pour lui la suprême volupté.

Après son brusque départ, Poe était sans ressources ; il s'engagea dans l'artillerie de l'armée des

(1) E. LAUVRIÈRE, *op. cit.*

États-Unis et parvint rapidement au grade de sergent-major ; mais il était bien au-dessus de cette fonction subalterne et, grâce à l'appui de son père adoptif qui ne l'avait pas complètement oublié, il put entrer à l'école militaire de West-Point. Peu de temps avant l'admission d'Edgar, sa bienfaitrice Mrss. Allan, qui l'avait toujours aimé, excusé et soutenu, mourait. C'était pour le poète une perte d'autant plus grande que M. Allan se remaria bientôt.

Dans les premiers temps de son séjour à West-Point, Poe travailla sérieusement, sans frayer beaucoup avec les autres élèves. « Très ombrageux et très réservé dans ses rapports avec ses camarades, dit l'un d'eux, il bornait ses relations presque exclusivement à ses compatriotes de Virginie (1). » Il passa les six premiers mois sans punition grave ; puis, coup sur coup, par une brusque explosion, il se livra à un grand nombre d'infractions, absence aux appels, refus d'obéissance, etc., qui entraînèrent son exclusion de l'école. Le 7 mars 1830, il quittait l'académie militaire ayant dix-sept cents dans sa poche pour toute fortune.

Dès sa sortie, il fit publier par un libraire de New-York une édition de ses poésies ; leur succès fut nul et le pauvre poète, à l'existence duquel ne suffisait pas une faible pension que lui servait M. Allan, végéta péniblement (2) jusqu'au jour où il obtint un

(1) Lettre d'Allan Magraden, 23 avril 1884, in LAUVRIÈRE, loc. cit. On doit remarquer qu'à West-Point Poë se livra avec ses camarades à des mystifications retentissantes d'une allure fantastique et macabre.

(2) On observe chez Poe, à ce moment, de nombreux accès dipso-maniaques.

prix de cent dollars dans un concours institué par
une revue de Baltimore. Vers cette époque, M. Allan
mourut, laissant trois enfants et la pension qu'il servait à son fils adoptif disparut avec lui (27 mars 1834).
Poe fut alors plongé dans la misère absolue (1). Il
collabora à diverses revues qui le payèrent mal et finit
par acquérir l'emploi de rédacteur de la revue *Southern Litterary Messenger* au prix de dix dollars par
semaine ; il publia de nombreux contes et de violents
articles de critique qui firent prospérer le magazine.

Malgré la renommée et la fortune qui semblaient
lui être définitivement acquises, Poe restait sombre-
ment mélancolique (2) ; de nombreux accès dipsomaniaques lui aliénaient l'estime de ses amis et le
livraient sans défense aux attaques des ennemis que
lui avaient attiré son esprit mordant et sarcastique.

A cette époque de prospérité relative, il épousa sa
cousine Virginie Clemm, âgée seulement de quatorze
ans. Poe en avait vingt-sept. « Le mariage public eut
lieu le 16 mai 1836. Il se trouva un témoin complai-
sant pour déclarer Virginie-E. Clemm âgée de vingt
et un an et le pasteur presbytérien, tout en lui trou-
vant, paraît-il, l'air un peu jeune, n'en accomplit pas
moins la cérémonie (3). »

---

(1) Un romancier populaire de cette période, Kennedy, dit dans son
Journal : « Il y a bien des années, à ce que je crois, peut-être en 1833
ou 34, je le rencontrai à Baltimore. mort de faim ; je lui donnai des
vêtements, libre accès à ma table et l'autorisation de monter un de
mes chevaux quand bon lui semblerait ; enfin, je le sortis presque de
l'abîme du désespoir. » *Life of J. Kennedy*, 1841.

(2) Lettre à Kennedy du 11 septembre 1835.

(3) E. LAUVRIÈRE, *loc. cit.*

Ce mariage apportait au poète, avec la joie du foyer
reconquis, l'affection profonde de sa vieille tante
Mrss. Clemm qui fut pour lui plus qu'une mère d'adop-
tion, un véritable ange gardien, le consola toujours,
le soigna, le défendit.

Toute la fortune du nouveau ménage reposait sur
les appointements de Poe à la revue dont il était le
rédacteur. Le poète commença par dépenser dans
l'achat d'un mobilier tout l'argent qu'il possédait,
puis résigna ses fonctions au *Messenger*, sans que
cette brusque détermination puisse être expliquée
autrement que par son instabilité perpétuelle et son
ambition.

Les jeunes époux s'installèrent alors à New-York
où Mrss. Clemm ouvrit une pension de famille. Poe,
pour vivre, s'ingénia, il collabora quelque temps à
une revue théologique, publia son roman de *Gordon
Pym*, fit un abrégé d'un ouvrage de Conchyliologie,
qui réussit mieux que ses contes et fournit de la copie
à une revue de Pittsburg. L'*American Museum* de
Baltimore lui paya assez bien quelques articles; il
collabora également à une publication de Philadelphie, le *Gentleman's Magazine*. En décembre 1839, ses
contes parurent en deux volumes : ils n'eurent aucun
succès.

Le poète se trouvait sans ressouces, toujours
violemment attaqué par ses ennemis qui abusaient
contre lui de ses malheureux excès alcooliques. Il
était obligé, pour vivre, d'emprunter. Son rêve, dès le
début de sa carrière littéraire, avait été de fonder
une revue qu'avec son exaltation coutumière, il vou-

lait vaste, originale, indépendante. Son projet ne réussit pas faute d'argent et le 20 février 1841, il prenait la direction du *Graham's Magazine*. Il y publia avec un énorme succès *L'Assassinat de la rue Morgue*, *La Descente dans le Maelstrom*, bien d'autres contes, y débrouilla des problèmes cryptographiques qu'on lui envoyait de tous les coins des États-Unis, y fit surtout des articles de critique sur les principaux écrivains américains et anglais de l'époque. En pleine prospérité, pour une raison futile, il quitta la revue, le 1er avril 1842.

Un de ses meilleurs et plus fidèles amis, journaliste comme lui, Frédéric Thomas, lui avait proposé peu de temps auparavant un poste du gouvernement à Washington. Poe accepta avec reconnaissance, et lassé par les longueurs administratives, partit pour la capitale afin de plaider lui-même sa cause. Il se livra à de tels excès de boisson et causa tant de scandale que sa situation fut irrémédiablement perdue. Il se retrouva, la crise passée, sans fortune et sans position.

Il reprit alors son projet de fonder une revue absolument personnelle; les idées ne manquèrent pas, mais la difficulté fut de trouver un associé, bailleur de fonds, nécessaire. Poe revint alors collaborer au *Graham's Magazine*, publia *Le Scarabée d'or* dans *The Dollar Newspaper*, *Éléonore* et *Le Puits et le Pendule* dans le *Gift*, le *Chat Noir* dans le *Saturday Evening Post*. Autant de succès éclatants, mais peu, quelquefois pas du tout payés. Une publication des œuvres en Amérique et en Angleterre passa inaper-

que ; de nombreuses conférences rapportèrent quelque argent.

Au milieu de ces misères, Poe trouvait des consolations dans son jeune ménage, auprès de sa femme qui l'adorait, de sa belle-mère, son aide inlassable et son conseiller dévoué qui, non contente de faire face avec de maigres ressources à tous les besoins de la famille, de faire des prodiges pour que son cher Edgar parût toujours propre et élégant dans ses vêtements usés, courait les librairies, les éditeurs, tâchant de procurer de l'ouvrage au poète ou de recueillir des dettes en retard. Mais Virginie se mourait de phtisie : elle eut une première hémoptysie au printemps de 1842 ; puis, elle resta très faible, souffrant du moindre froid et du manque des soins qu'on ne pouvait lui donner. Poe idolâtrait sa femme ; la vue de Virginie malade le rendait fou de douleur. Par intervalles, il s'échappait de sa maison et allait boire. On constate, en effet, dans ces tristes moments, de nombreux accès de dipsomanie qu'il avoua lui-même plus tard, en leur attribuant comme unique cause ses chagrins et ses angoisses.

Vous me demandez : « Pouvez-vous indiquer quel était ce terrible malheur qui causa des irrégularités tant déplorées ? » Oui, je puis mieux faire que de l'indiquer. Ce malheur fut le plus grand de ceux qui peuvent atteindre un homme. Il y a six ans, une femme que j'aimais comme nul homme n'aima jamais auparavant se rompit un vaisseau en chantant. On désespéra de sa vie. Je pris congé d'elle à jamais et subis toutes les agonies de sa mort ; elle revint en partie à la santé et je me repris à espérer. Au bout d'une

année, le vaisseau se rompit de nouveau, j'endurai exactement le même supplice... Puis encore une fois, — une autre
fois encore, — et chaque fois de plus encore, à des intervalles variés. Je ressentis à chaque reprise toutes les agonies
de la mort, et à chaque accès du mal, je l'aimais plus tendrement et m'attachais à sa vie comme avec une obstination
plus désespérée. Mais je suis, de par ma constitution, sensible, d'une nervosité très peu commune. Je devins fou avec
d'horribles intervalles d'horrible lucidité. Durant ces
accès d'inconscience absolue, je bus, Dieu sait seulement
que de fois et combien. Naturellement mes ennemis ne manquèrent pas d'attribuer la folie à la boisson et non pas la
boisson à la folie... Ce fut cette horrible oscillation inces-
sante entre l'espérance et le désespoir que je ne pouvais plus
endurer sans perdre totalement la raison (1).

Poe ne se contentait pas de boire ; on trouve déjà
très nettement signalé son usage immodéré de
l'opium qu'il faut probablement faire remonter plus
haut. « Une parente d'Edgar Poe, qui était intime
avec la famille au temps de la maladie de Virginie,
dit Woodberry, déclare qu'il refusait alors souvent
du vin devant elle, mais elle ajoute ces trop significa-
tives paroles, c'est qu'à cette époque, ses accès
d'ivresse étaient dus à un abus de l'opium. »

Dès 1843, Mrss. Clemm malgré ses prodiges d'économie et d'ingéniosité, était à bout de ressources ; en
avril 1844, le poète dut quitter Philadelphie pour
New-York, emmenant sa femme et laissant sa belle-
mère aux soins du déménagement. Le lendemain de
son départ il écrivait : « Cissy (2) n'a pas toussé à bord

(1) Lettre du 4 janvier 1848. Ingram.
(2) Diminutif affectueux de Virginie.

du bateau et très peu seulement pendant la nuit sans
transpirer grâce à un grand feu allumé jusqu'au matin..... Son pauvre cœur a crevé hier soir quand elle
s'est vue ainsi loin de chez elle, loin de sa mère, em-
portée toute malade dans l'inconnu. Mais Edgar, le
sage Edgar maintenant, a repris courage ; aussi la
voilà-t-il gaie à son tour. Il est même de très bonne
humeur, le pauvre garçon, car il n'a rien bu, non,
pas une goutte ; aussi espère-t-il se tirer bien vite
d'embarras. »

Poe débuta à New-York par une mystification retentissante qu'il fit paraître dans *The Sun*, mais il
écrivit peu et resta malgré sa sobriété passagère toujours miséreux. Il s'était installé en pleine campagne
dans une vieille et branlante, mais pittoresque de-
meure. Il y resta un an. « L'hôtesse a gardé du poète
le souvenir d'un homme ombrageux, solitaire, taciturne, qui se plaisait tantôt à errer dans les bois,
tantôt à s'asseoir sur un tronc d'arbre favori près des
rives de l'Hudson. C'est là qu'elle le vit maintes fois
gesticuler étrangement en se livrant tout haut à des
monologues exaltés. Elle parle de lui comme d'un
être excentrique quoique très paisible et très courtois
en ses manières (1). »

Grâce aux démarches de sa tante, Edgar obtint de
Willis, éditeur de l'*Evening Mirror* une place de rédacteur ; il fut très ponctuel, zélé, mais quitta son
poste au bout de six mois, laissant le souvenir d'un
« être paisible, actif, des plus patients, courtois, im-

(1) William Gill : *Life of E. Poe.*

posant le plus profond respect et la plus vive sympathie par les constantes qualités de sa conduite et de son talent » (1).

Le 29 janvier 1845, parut avec un succès extraordinaire le fameux poème du *Corbeau ;* il rapporta seulement dix dollars à son auteur, mais le rendit très populaire en Amérique et en Angleterre ; il en fit l'homme à la mode de la meilleure société de New-York, le grand poète du jour que se disputaient tous les salons. Il se plaisait surtout dans la société des femmes qui goûtaient fort son visage expressif, son air fatal, sa galanterie cérémonieuse. Parmi toutes les belles précieuses qui l'entouraient, Poe était surtout attiré par une d'elles, Mrss. Osgood ; il lui dédia plusieurs poésies empreintes d'un amour mystique si expressif que celle qui en était l'objet finit par s'en effrayer ; repoussant les pressantes sollicitations de l'amoureux poète qui la suppliait de fuir avec lui, elle quitta New-York. L'affaire finit assez mal, par un scandale.

Après son départ de l'*Evening Mirror*, Poe s'associa à un littérateur, Charles Briggs, qui dirigeait un journal hebdomadaire, le *Broadway Journal*. Il y attaqua violemment Longfellow, le poète populaire, écrivit divers articles sur divers sujets et s'arrêta subitement dans son activité littéraire, repris par ses accès de dipsomanie. « Il a, dit Briggs (29 juin 1845), repris ses anciennes habitudes.... Je crois qu'il n'avait rien bu depuis plus de dix-huit mois jusqu'à

---

(1) WILLIS, *Home Journal*, 15 octobre 1849.

ces trois derniers, mais il s'est depuis très souvent laissé ramener dans un état déplorable (1). »

Briggs voulut abandonner un collaborateur devenu nuisible, mais Poe s'entendit avec un autre rédacteur, mit à la porte son directeur et resta seul à la tête du *Broadway Journal*; il avait enfin une revue, le rêve de toute de sa vie! Il dut l'abandonner, incapable de trouver cinquante dollars nécessaires pour désintéresser son associé; il échoua également dans une conférence donnée à Boston, rédigea de violents articles de critique qui lui attirèrent des réponses injurieuses.

Cruellement atteint dans ses espérances, il eut encore, peu de temps après ses échecs littéraires, à déplorer la perte de sa douce, de son adorable Virginie. Au printemps de 1846, il l'avait amenée au petit village de Fordham, dans une maisonnette en bois joliment placée, mais trop vieille et trop étroite. L'hiver aggrava très sensiblement l'état de la malade. Frissonnante dans une chambre froide, la jeune femme n'avait pour se réchauffer sur son grabat que le vieux manteau militaire de son mari et un grand chat qui ne la quittait jamais. Elle mourut, à peine âgée de vingt-cinq ans, le 30 janvier 1847.

Poe, accablé de chagrin, épuisé par de grandes crises d'excitation qui le prenaient à l'occasion du moindre verre de vin, eut des accès de fièvre intermittente(?). Il se rétablit bientôt, mais rechuta peu après. « Je portai mon diagnostic, écrit dans son

---

(1) Briggs à Lowell dans Woodberry.

journal une des dernières bienfaitrices de Virginie,
Mrss. Shew, et le communiquai au D' Mott ; je lui dis
qu'en ses meilleurs moments, le pouls de Poe n'avait
que dix pulsations régulières ; après quoi, il s'arrêtait.
Je déclarai qu'il avait une lésion d'un côté du cerveau
et comme il ne pouvait supporter ni stimulants ni
toniques sans donner des signes d'insanité, je n'avais
plus grand espoir qu'il pût se remettre d'une fièvre
cérébrale due à d'extrêmes souffrances physiques et
mentales, aux privations, à la faim, au froid......
l'épuisement et l'affaissement finirent, à chaque réaction de la fièvre, par devenir tels que les calmants
eux-mêmes devaient être donnés avec les plus
grandes précautions (1). »

Ces symptômes s'accompagnaient la nuit de cauchemars affreux, de sentiments de peur terrifiants.
Y aurait-il eu là une attaque de delirium tremens
fébrile ?

Poe guérit peu à peu, mais resta très exalté, d'une
excitation maladive ; il commença par vouer un culte
passionné à sa garde-malade, Mrss. Shew. « Ah ! Marie-
Louise, lui écrivait-il, avec une profonde humilité,
j'avoue maintenant que tout orgueil, toute idée de
puissance, tout espoir de renommée, tout désir des
cieux se trouve à jamais submergé sous le flot palpi-
tant de passion dont tu inondes mon âme. » C'est à
cette époque, dans la deuxième moitié de 1848, qu'il
composa *Eureka*. Il avait repris ses anciens projets de
revue, et, pour les faire mieux connaître, il donna

(1) Ingram.

une conférence dont le sujet était l'Univers. Il parla devant un auditoire peu nombreux, d'une voix inspirée et solennelle. « Vous reconnaîtrez, écrivait-il peu après, le mouvement et l'importance de mes vues. Ce que j'ai annoncé viendra, en temps opportun, révolutionnner le monde des sciences physiques et métaphysiques (1). »

L'exaltation coutumière du poète, son orgueil excessif, deviennent déjà de la mégalomanie véritable. « Ce que j'avance ici est vrai, annonce-t-il dans la préface d'*Eureka* ; donc, cela ne peut périr ou si cela se trouve maintenant par quelque moyen écrasé jusqu'à périr, cela ressuscitera dans la vie éternelle (2). »

Il poursuivait en même temps Mrss. Shew d'un amour si violent que sa bienfaitrice dut l'abandonner. Il lui envoya une lettre déchirante et presque aussitôt après, s'éprit d'une femme de lettres, Mrss. Whitman. Il l'aima avec une ardeur d'autant plus grande que son cerveau était plus malade (3); il obtint d'elle une promesse de mariage sous l'expresse condition de ne plus boire. Un mois après cette décision, au retour d'une conférence, des jeunes gens lui firent oublier sa promesse. Mrss. Whitman ne pardonna pas.

(1) Lettre à Eveletts du 28 février 1848, dans Ingram.

(2) Il écrivait encore (28 septembre 1848) : « Le terrain couvert par le grand astronome français Laplace n'est, comparé à celui que couvre ma théorie, que comme une bulle d'eau sur le vaste océan où elle flotte. » — « Ma nature tout entière se révolte à l'idée qu'il puisse y avoir dans l'univers quelque être qui soit supérieur à moi. » (Ingram.)

(3) Il tenta à cette époque de se suicider avec du laudanum.

Il venait d'ailleurs de s'éprendre d'une jeune fille, Annie H..., qu'il aima tout aussi passionnément que les premières. Il lui écrivit longtemps, sans oublier ses travaux littéraires et son éternel projet de revue.

En juillet 1849, il quitta Fordham, se dirigeant vers Richmond où il devait donner des conférences. A son passage à Philadelphie, il eut un accès de folie véritable.

Un lundi de bonne heure, dans l'après-midi, dit l'éditeur d'une revue locale, M. John Sartain, il parut l'air pâle et hagard, ayant dans les yeux une expression d'égarement. « M. Sartain, dit-il, je viens vous demander un refuge et votre protection. Vous aurez de la difficulté à croire ce que j'ai à vous dire... que de pareilles choses puissent se produire au xixᵉ siècle... » Il me dit que, durant son voyage de New-York, il avait surpris la conversation de gens qui, assis à quelque distance de lui, complotaient de le tuer et de le précipiter du wagon... Je m'aperçus plus tard qu'il lui était venu à l'idée de se tuer lui-même. Il me dit soudain après un long silence : « Si je faisais disparaître ces moustaches, il ne serait plus facile de me reconnaître. Voulez-vous me prêter un rasoir pour les supprimer ? »

Il réclamait du laudanum avec insistance. Le soir, se promenant avec le libraire, « il se mit à parler de visions dans une prison ; une jeune femme toute radieuse par elle-même ou par l'atmosphère qui l'enveloppait lui adressait la parole du haut d'une tour de pierre crénelée ».

Cet accès de délire calmé, Poe gagna Richmond où il fut reçu avec sympathie ; pendant ce séjour, il

(1) Woodberry.

se livra deux fois, paraît-il, à des excès alcooliques. Il retrouva dans la personne de Mrss. Shelton, une jeune fille qu'il avait connu lors de ses dix-huit ans, Elmira Royster. Veuve, riche et d'un charme déjà mûr, elle accueillit assez bien les déclarations du poète ; leur mariage fut décidé et fixé au 11 octobre.

Poe quitta Richmond pour aller chercher Mrss. Clemm. Que devint-il alors ? Arrivé de nuit à Baltimore, il est probable qu'il s'enivra : il fut trouvé le 12 octobre, par un ouvrier imprimeur, couché dans une taverne et plongé dans un état de complet anéantissement. Transporté au Washington Hospital, il y resta sans connaissance de 5 heures de l'après-midi à 3 heures du matin ; à cet état succéda un tremblement des membres accompagné de sueurs, de pâleur et d'un délire calme. La conscience revint un peu, puis une agitation violente pendant trois jours, puis le calme. Le poète mourut le 7 octobre, vers 5 heures du soir, en murmurant « Le Seigneur vienne en aide à ma pauvre âme ! » Il fut enterré à côté de son grand-père dans le cimetière presbytérien de Westminster à Baltimore (1).

Nous devons maintenant reprendre sous une forme plus concise, mais plus claire et plus clinique, les faits essentiels de cette vie malheureuse, les particularités qui intéressent surtout le médecin ; nous suivrons pour cela l'ordre indiqué par M. le professeur Lacassagne dans son *Vade Mecum*.

---

(1) Mrss. Clemm mourut le 16 février 1871 dans un hôpital de Baltimore et fut ensevelie dans la même tombe que son neveu.

I. — Antécédents domestiques

Grand-père paternel ayant très probablement fait usage de boissons alcooliques. Pas de renseignements du côté maternel.

Père impulsif, alcoolique et tuberculeux.

Mère très nerveuse, d'un tempérament très excitable, surmenée par son métier d'artiste, tuberculeuse.

Un frère également très nerveux, alcoolique.

Une sœur d'une intelligence très faible, presque idiote, bizarre dans ses goûts et ses manières.

II. — Antécédents psychiques personnels

Enfance. — A trois ans, orphelin et adopté par de riches commerçants. Il montre de bonne heure une intelligence et une imagination très vives, mais en même temps une grande inconstance dans ses idées et ses actes, une volonté orgueilleuse et capricieuse qu'on n'essaie pas de refréner. Pas de maladie à signaler ; excellente santé habituelle.

Adolescence. — On observe déjà à cette époque de la vie de l'écrivain une tendance très marquée à la mélancolie et à la solitude. A remarquer sa sentimentalité précoce, sa curiosité inlassable et son premier amour platonique pour une jeune femme.

Puberté. — Signalons ses premières crises de dipsomanie, son penchant pour le jeu et les farces macabres, ses premiers coups de tête lorsqu'il quitte ses parents, puis l'école de West-Point.

Age adulte. — Les caractères, les tendances ci-dessus signalées s'accusent de plus en plus dans sa vie de malheureux poète toujours à la recherche de la fortune qu'il ne sait pas atteindre, et plein de projets ambitieux qu'il ne peut réaliser. Nous signalerons particulièrement son goût pour l'opium, ses alternatives de mélancolie et d'excitation; vers la fin de sa vie, ses crises dipsomaniaques presque continuelles, son amour morbide pour toutes les femmes qu'il rencontre, son orgueil qui devient de la mégalomanie, enfin ses accès de folie véritable.

III. — Portrait

Les portraits de Poe abondent dans les écrits américains contemporains du poète; il a d'ailleurs donné de soi-même, dans quelques-uns de ses contes, une description assez exacte.

Il était de taille moyenne, bien pris, d'une démarche aisée. Son visage était caractéristique; il s'est gravé en traits ineffaçables dans la mémoire de tous ceux qui l'ont connu. Il a dit lui-même : « Le caractère de la physionomie avait toujours été remarquable. Un teint cadavéreux; — un œil large, liquide et lumineux au delà de toute expression ; — des lèvres un peu minces et très pâles, mais d'une courbe merveilleusement belle; un nez d'un moule hébraïque, très délicat, mais d'une ampleur de narines qui s'accorde rarement avec une pareille forme; — un menton d'un modèle charmant, mais qui, par un manque de saillie, trahissait un manque d'énergie morale ; — des cheveux d'une ténuité plus qu'arachnéenne ; — tous ces traits, auxquels il faut ajouter un développement frontal excessif, lui faisaient une physionomie qu'il n'était pas facile d'oublier (1). »

Tous les contemporains de Poe ont insisté sur le charme indéfinissable de ses beaux yeux, sur la persistante mélancolie de son visage et sur sa conformité crânienne. On a donné de celle-ci une description caractéristique: « Son front large et ses tempes formaient une saillie massive... Le haut de la tête était très plat et le derrière d'une plénitude inusitée (2). » — « Une vue de profil mettait nettement en lumière la difformité de sa tête : il y avait une énorme quantité de cerveau en avant et en arrière avec peu ou rien entre les deux et en haut... La région coronale était insuffisante (3). »

Cette déformation porte le nom de *scaphocéphalie;* elle est due à la soudure prématurée de la suture sagittale. On en a fait un des stigmates physiques de la dégénérescence.

Il faut encore signaler des tressaillements nerveux qui agitaient continuellement la lèvre supérieure de Poe; un léger degré de strabisme convergent et d'asymétrie faciale (4).

(1) *La Chute de la maison Usher.*
(2) Mrss. Talley-Weiss dans *Scribner's.*
(3) *Southern Literary Messenger,* mars 1850.
(4) Le portrait que nous donnons en première page est extrait de *The Works of E. A. Poe,* Armstrong, New-York.

CHAPITRE II

Le Sentiment.

———

Au début d'une étude sur l'état mental de Poe, il est nécessaire de rechercher les particularités qu'ont présenté chez lui les phénomènes primordiaux de la sensibilité, les sensations. Il est évidemment fort difficile de savoir d'une manière exacte et détaillée de quelle façon le poète réagissait aux faits extérieurs. Pour pouvoir en donner une description scientifique, le seul procédé serait de recourir à l'observation directe et à l'interrogatoire qui sont ici impossibles. Nous avons seulement à notre disposition l'œuvre, dans laquelle nous trouvons des renseignements précieux. Elle nous révèle que Poe fut avant tout un être sensible et que ses sensations furent la plupart du temps anormales, exagérées ou déformées dans leurs éléments représentatifs par un système nerveux malade. « Les réalités du monde m'affectaient comme des visions et seulement comme des visions pendant que les idées folles du pays des songes devenaient en revanche, non la pâture de mon existence de tous les

jours, mais positivement mon unique et entière existence elle-même (1). »

Dans cette représentation anormale des sensations,
il faut tenir compte de deux facteurs importants,
l'alcoolisme et l'opiophagie, qui amènent des troubles intenses non seulement de l'intelligence, mais
encore de la sensibilité elle-même. Cette influence
s'est traduite très nettement chez Poe par une exagération de l'acuité des impressions: « La maladie a
aiguisé mes sens, — elle ne les a pas détruits, — elle
ne les a pas émoussés (2). »

Nous étudierons d'abord les phénomènes affectifs
simples, les sensations, puis, allant du simple au
composé, les inclinations.

Nous savons que Poe fut à la fois un visuel et un
auditif. Dans son œuvre abondent les descriptions de
ses visions, et il a dit: « Plus que tous les autres,
j'avais le sens de l'ouïe très fin. J'ai entendu toutes
choses du ciel et de la terre. J'ai entendu bien des
choses de l'enfer (3). » Il est absolument certain que
sous l'action de l'alcool et de l'opium il eut des hallucinations visuelles et auditives, très fréquentes et
d'une intensité extraordinaire. Nous en reparlerons (4).
Nous avons des renseignements sur le sens de l'odorat
dans *La Chute de la maison Usher*: « Toutes les
odeurs de fleurs le suffoquaient »; dans *Le Puits et*

(1) *Bérénice.*
(2) *Le Cœur révélateur.*
(3) Il faut noter au point de vue de l'audition que Poe aima la
musique et le chant.
(4) Voir le *Système du Dr Goudron.*

le Pendule : « L'odeur de l'acier aiguisé s'introduisait dans mes narines. Il me suffisait de respirer pour attirer dans mes narines la vapeur du fer chauffé » ; dans *Le Cas de M. Valdemar* où il parle « d'une odeur âcre et fortement désagréable » ; dans *L'Ange du Bizarre* : « je sentis mes narines assaillies par une odeur forte et suffocante » ; dans le *Manuscrit trouvé dans une bouteille* où il parle « d'exhalaisons spirales semblables à celles qui s'élèvent du fer chauffé ».

Nous pouvons conclure que le sens olfactif de Poe a été très développé. Nous ne possédons pas des détails aussi précis sur ses sensations gustatives dont il a peu parlé.

Le sens vital ou organique, celui qui nous assure du bon ou du mauvais fonctionnement de nos organes et de nos muscles, a été particulièrement remarquable. Dans son œuvre, Poe a analysé avec une exactitude minutieuse ses obsessions, ses impulsions, ses hallucinations, ses cauchemars alcooliques qu'il a évoqués avec d'autant plus de puissance qu'il les avait ressentis plus violemment.

＊＊

Les *Inclinations* seront étudiées en trois paragraphes :

Les inclinations personnelles, manifestations de l'amour de soi ;

Les inclinations sympathiques ;

Les inclinations impersonnelles.

Dans les *inclinations personnelles*, nous comprendrons l'instinct de conservation, l'instinct sexuel et les inclinations liées aux facultés de l'âme.

I. — Instinct de conservation

Il fut très vivace chez Poe, malgré les misères sans nombre de sa vie aventureuse, malgré les attaques dont il fut très souvent l'objet et qui désespéraient son âme de poète sensible. Il eut souvent de courtes périodes de désespoir, résultat habituel de son involontaire passion pour l'alcool ; elles ne durèrent pas et furent toujours suivies de ressauts de la volonté. Son énergie, sa croyance en un avenir meilleur ne le quittèrent jamais, même après la mort de Virginie et les plus sombres moments de misère. En juillet 1846, il écrivait que « quoique malade et écrasé par la pauvreté, il ne désespérait pas le moins du monde et qu'il avait toujours au fond du cœur un bon espoir » (1).

Il a présenté deux grandes perversions de l'instinct de la conservation : l'alcoolisme et l'abus de l'opium. Ces deux tares pathologiques ont joué, surtout la première, un rôle si important dans sa vie et son état mental que nous avons jugé bon de les étudier dans un chapitre spécial que nous avons placé à la fin de l'examen psychologique.

(1) Il essaya bien, peu de temps avant sa mort, de se suicider avec du laudanum (voir chapitre premier), mais ce ne fut là qu'une tentative isolée à une période d'irresponsabilité presque complète.

II. — Instinct sexuel

Dans ses lettres où il se livre pourtant tout entier, Poe ne fait jamais une allusion quelconque à l'amour physique et lorsqu'il parle de ses excès et de ses dé-bauches, il pense toujours à sa passion pour le jeu ou la boisson. A l'université virginienne, au temps de sa jeunesse riche et insouciante, il laissa la renom-mée d'un joueur et d'un buveur étrange, mais pas du tout celle d'un coureur de filles. Il connut pourtant l'amour ; sa vie tout entière n'est même qu'une suite ininterrompue de passions violentes pour les jeunes filles ou les jeunes femmes qu'il a connues, mais cet amour dont nous reparlerons fut toujours platoni-que. On ne trouve point dans ses œuvres poétiques on ses contes, pleins pourtant de figures féminines, une allusion quelconque à des plaisirs plus réels (1). Il se maria, il est vrai, mais il semble bien qu'il fut pour sa femme, si frêle et si délicate, un admirateur passionné, un ami, plutôt qu'un époux véritable.

L'appétit physiologique, l'instinct sexuel à propre-ment parler fut donc très faible chez lui, sinon nul. C'est là une anomalie du sens génital que nous avons vue débuter à la puberté par une perversion très nette.

(1) Dans *William Wilson*, Poe parle de « séductions plus dange-reuses » que le vin. Faisant parler son héros, il dit : « Je cherchais avec anxiété, *je ne dis pas pour quel indigne motif*, la jeune, la joyeuse, la belle épouse du vieux et extravagant di Broglio. » Ce sont là, croyons-nous, les seules allusions à l'amour physique, si allu-sion il y a, qu'on puisse trouver dans ses contes.

III. — INCLINATIONS LIÉES AUX FACULTÉS

Nous distinguerons le goût des émotions, la curiosité, l'amour-propre.

a) *Le Goût des émotions.* — Nous étudierons ici seulement la forme simple de cette inclination, celle qui consiste dans la recherche des sensations brutales que donnent par exemple les jeux de hasard, les exercices dangereux.., la forme plus élevée, c'est-à-dire le goût de la solitude, la mélancolie, nous paraît être plutôt une forme de l'esprit et nous la retrouverons au chapitre du Caractère.

Dans sa jeunesse Poe se livra avec ardeur à tous les sports alors reputés et y excella : il fut au collège de Richmond un champion incontesté pour la boxe, le saut, la natation et le resta à l'université de Virginie. Plus tard, même dans les pires moments de sa vie, il conserva un souvenir attendri de ses anciens exploits qu'il aimait à rappeler et au sujet desquels il n'admettait aucune discussion.

Pendant ses années d'étudiant, il joua avec emportement (1) et perdit de très fortes sommes avec beaucoup de désinvolture. Mais il semble bien qu'en jouant ainsi, Poe ne recherchait pas l'émotion qui étreint violemment le cœur du joueur, pas plus que le gain qui pouvait en résulter. Il y eut là seulement une passion momentanée, due au désir de faire

(1) Voir *William Wilson*. Poe a d'ailleurs attribué à son héros des artifices de joueur de profession qu'il n'eut jamais.

comme les camarades, de les étonner par une haute indifférence aux pertes d'argent ; elle ne se renouvela d'ailleurs plus après le départ de l'université.

b) *La Curiosité*. — Elle a été chez Poe immense, universelle, elle a prétendu pouvoir tout rechercher, tout embrasser, le fini et l'infini, la vie et la mort, l'éternité, Dieu lui-même ; rien ne semble indéchiffrable à l'écrivain américain qui a cru tout comprendre et tout savoir. Ce désir intense de connaître se manifesta dès son jeune âge à l'école, à l'université où il se plaisait dans l'étude des recherches métaphysiques les plus ardues ; il dura toute sa vie (1). Poe ne fut pas seulement poète, critique, prosateur ; il s'occupa encore de métaphysique, de cosmogonie, d'histoire naturelle, de navigation, de géologie, d'ameublement, de cryptographie, de jardinage, etc. Son grand ouvrage auquel il rêva toute sa vie fut *Eureka* publié peu de temps avant sa mort et où il pense tout expliquer, le visible et l'invisible, les origines du monde et sa destinée.

Les héros de ses contes possèdent tous à un degré extraordinaire cette curiosité maladive de leur créateur. Dans *L'Assassinat de la rue Morgue*, *La Lettre volée*, *Le Mystère de Marie Roget*, *Le Scarabée d'or*, nous trouvons chez Dupin et Legrand un besoin véritable d'approfondir les mystères que le vulgaire juge impénétrables et ce besoin, aidé par une logique

(1) Un de ses plaisirs les plus grands était d'expliquer les phénomènes les plus bizarres, de débrouiller les énigmes cryptographiques les plus compliquées.

rigoureuse, leur fait débrouiller les trames les plus compliquées d'une façon presque miraculeuse. Le pêcheur entraîné dans le gouffre du Maelstrom, au moment où il s'enfonce dans le tourbillon des eaux furieuses, ne s'intéresse qu'à ce tourbillon lui-même et regrette de ne pouvoir plus tard raconter son aventure à ses camarades. Pym, au sortir de terribles dangers, ne songe qu'à résoudre le problème du pôle sud. Un simple raccommodeur de soufflets, Hans Pfaal, fait un voyage dans la lune. Et combien d'autres !

Cette curiosité insatiable, on le devine aisément, est pathologique. Elle se rattache à l'état de rêverie dans lequel flottait perpétuellement l'esprit mystique de Poe. Le poète attribue cette inclination à l'usage de l'opium dont « l'effet accoutumé est de revêtir tout le monde extérieur d'une intensité d'intérêt » (1).

c) *L'Amour-propre, la Vanité, l'Orgueil.* — Poe fut dans sa jeunesse très fier de sa jolie figure pâle, de ses exploits athlétiques, de la précocité de son intelligence. Plus tard, quand les malheurs et la misère aggravés par les excès eurent abattu son courage, creusé son visage et affaibli sa volonté, il resta toujours imbu de sa supériorité intellectuelle sur tous ses rivaux. De là, le ton violent de ses critiques littéraires qui lui firent tant d'ennemis. Impatient de la gloire des autres écrivains américains, leur éloge lui était plus insupportable que le blâme de ses propres

(1) *Les Souvenirs de M. Auguste Bedloe.*

œuvres. Malheureusement le succès et la faveur populaire ne répondirent jamais complètement à la haute estime que le poète avait de soi et de son talent; aussi n'a-t-il jamais parlé en bons termes de ses contemporains (1).

Son amour-propre tout d'abord à l'unisson de sa vanité d'écrivain subit pendant sa vie de cruelles atteintes. Lorsque la misère régnait dans sa maison, que Virginie se mourait faute de feu et de soins, Poe oubliait sa supériorité. Il écrivait à ses amis, à ses éditeurs, demandant aux uns de l'argent, aux autres des avances sur la vente d'ouvrages qui ne se vendaient pas. Ajoutons, d'ailleurs, que ces appels à la charité, quelque nombreux et pressants qu'ils fussent, ne manquèrent jamais de dignité. Poe ne demanda jamais l'aumône et si on la lui fit quelquefois, ce fut toujours par des moyens détournés.

La vanité et l'amour-propre sont deux formes inférieures de l'amour de soi; à un degré plus élevé nous trouvons l'orgueil auquel se rattache l'ambition.

Orgueilleux et ambitieux, Poe l'a été intensément; il s'est montré tel dans ses œuvres, depuis son premier essai poétique de *Tamerlan* qui est une apologie de l'orgueil (2) jusqu'à *Eureka*. « Il avait, a dit Griswold, jusqu'à un excès maladif ce désir de s'élever qu'on appelle vulgairement l'ambition, sans désirer nulle-

(1) « Personne au monde, dit le Dr Chivers (*Century*, janv. 1903), n'aimait plus les louanges d'autrui ; car je me rappelle que chaque fois qu'il m'est arrivé de lui parler de ses talents d'écrivain, sa poitrine se soulevait comme une mer agitée. » LAUVRIÈRE, *op. cit.*

(2) Il a appelé l'orgueil, le souverain maître de la volonté (*Tamerlan*).

ment l'estime ni l'affection de ses semblables. » Poe écrivait, il est vrai : « Je ne suis pas ambitieux si ce n'est négativement. Je me sens de temps à autre excité à surpasser un sot pour la seule cause que je déteste de laisser croire à un sot qu'il peut me surpasser. A part cela, je n'ai aucun sentiment d'ambition (1). » Il était plus sincère lorsqu'il s'écriait :

Je l'aime, la gloire, j'en raffole, je l'idolâtre : je boirais jusqu'à la lie cette glorieuse ivresse. Je voudrais que de l'encens monte en mon honneur de chaque colline et de chaque hameau, de chaque ville et de chaque cité sur cette terre. Gloire, renommée, vous êtes le souffle vivifiant, le sang nourricier. Un homme ne vit point tant qu'il n'est pas fameux (2).

Cette ambition incontestablement exagérée devint, nous l'avons vu à l'histoire de la vie, de la mégalomanie véritable. Il est à remarquer que cet amour des grandeurs ne s'est pas accompagné d'un amour de la richesse. Poe supporta toujours avec résignation sa pauvreté. « Tous ses amis le considéraient comme singulièrement indifférent à la fortune pour elle-même..... Il se souciait peu de l'argent et en appréciait encore moins la valeur (3). »

.
. .

LES INCLINATIONS SYMPATHIQUES

Nous les étudierons en suivant l'ordre inverse de la classification naturelle qui va du particulier au

(1) Poe à Lowell, 2 juillet 1844 (WOODBERRY).
(2) INGRAM.
(3) *Graham's Magazine*, mars 1850.

général, adoptant en cela l'opinion de Loygue dans
sa thèse sur Dostoïewsky. Nous verrons d'abord les
caractères qu'ont présenté chez Poe l'amour de l'humanité, le patriotisme, les sentiments de famille,
laissant à la fin l'amitié et l'amour. « L'amour est en
effet le sentiment qui est susceptible de donner le
plus ; il exige une sympathie plus active et plus con-
centrée que l'amour de l'humanité ou de la patrie (1). »
La sympathie élective chez un être aussi personnel
que Poe est d'ailleurs beaucoup plus accusée que la
sympathie collective.

a) *L'Amour de l'humanité.* — Poe fut à la fois
trop poète et trop orgueilleux pour aimer les hommes
de son temps ; il les a jugés inintelligents, grossiers,
incapables d'apprécier les œuvres supérieures, trop
utilitaires. Il se montra toujours très sceptique sur
les progrès de l'évolution humaine. « Je n'ai aucune
confiance, écrivait il, dans le perfectionnement indé-
fini de la nature de l'homme. Je crois que les efforts
humains n'auront aucun effet appréciable sur l'humanité (2). »

Les idées qui commençaient alors à se faire jour
en Amérique de liberté individuelle et d'émancipa-
tion sont pour lui des « idées bizarres » qu'il repousse.
Il croit que « la ruine la plus complète est le prix de la
plus haute civilisation » (3). Il haïssait la démocratie.

(1) Loygue: *Étude médico-psychologique sur Dostoïewsky*, Lyon, 1904.

(2) Lettre de Poe à Lowell, 1844 (WOODBERRY).

(3) *Colloque entre Monos et Una.* On a dit qu'il avait pris part à la
guerre de l'indépendance hellénique, par intérêt pour un peuple
opprimé. Ce n'est là qu'une légende.

b) *Le Patriotisme*. — Il est difficile de savoir quel a été exactement l'état de ce sentiment chez Poe ; celui-ci n'a jamais parlé de son pays en tant que nation politique et on ne peut vraiment considérer comme un acte d'abnégation patriotique son engagement dans l'armée. Il protesta toute sa vie contre le chauvinisme littéraire de ses compatriotes, et à ce point de vue son patriotisme ne manqua pas de clairvoyance.

c) *Sentiments de famille*. — Orphelin de très bonne heure, il ne conserva qu'un souvenir atténué de son père et de sa mère dont il parlait rarement plus tard. Il connut très peu son frère aîné. En 1849 seulement, il vit pour la première fois sa sœur Rosalie dont il ne s'était nullement préoccupé jusqu'alors ; elle l'aima, paraît-il, mais n'en fut pas aimée, Poe ne pouvant lui pardonner son air stupide et ses manières bizarres.

Malgré toutes les raisons qu'on a données pour excuser sa conduite, il est certain qu'il se montra très ingrat envers ses parents adoptifs qu'il quitta pour un motif en somme futile ; il oublia vite tous les soins et l'affection généreuse dont on l'avait entouré.

Et cependant, comme tous les hommes sensibles, il avait un cœur aimant (1). Il garda toute sa tendresse pour sa femme qu'il adorait ; « Nous nous aimions, a-t-il dit, d'un amour qui était plus que de l'amour... d'un amour que les séraphins des cieux nous enviaient à elle et à moi (2). » Nous avons vu quels

(1) « Il était un des hommes les plus affectueux et les plus tendres que j'aie jamais connus. » (M. Lewis à Mrs. Rice dans GILL.

(2) *Annabel Lee*.

furent ses douleurs pendant la maladie de Virginie, son désespoir après sa mort. Il est vrai qu'il aima passionnément, du moins on pourrait le croire d'après les lettres qu'il leur écrivait, à peu près toutes les femmes qu'il connut un peu. Mais il l'a dit lui-même : « Dans l'étrange anomalie de mon existence, les sentiments ne me sont jamais venus du cœur et mes passions sont toujours venues de l'esprit (1). » Ces amours éphémères ont été, nous le verrons, une pure fiction d'une imagination exaltée à la recherche d'un idéal féminin ; elles sont dues à une perversion de l'instinct sexuel. La seule femme que Poe ait vraiment aimé est celle qu'il épousa. Le conte de *Ligeia* est l'histoire d'un homme qui perd la femme qu'il adore, se remarie et retrouve dans les traits de sa seconde épouse mourante sa Ligeia disparue.

Poe voua aussi à sa belle-mère une affection filiale ; il lui a dédié une de ses plus belles poésies. Nous la citons tout entière pour montrer de quelle délicate affection son cœur était capable.

Parce que je sens que là-haut dans les cieux
Les anges, quand ils se parlent doucement à l'oreille,
Ne trouvent pas, parmi leurs termes brûlants d'amour,
D'expression plus fervente que celle de *mère*,
Je vous ai dès longtemps justement appelée de ce grand nom,
Vous qui êtes plus qu'une mère pour moi
Et remplissez le sanctuaire de mon cœur où la mort vous a
                                        [installée]
En affranchissant l'âme de ma Virginia.
Ma mère, ma propre mère qui mourut de bonne heure,
N'était que ma mère, à moi, mais vous,

(1) *Bérénice*.

Vous êtes la mère de celle que j'aimais si tendrement,
Et ainsi vous m'êtes plus chère que la mère que j'ai connue
De tout un infini, juste comme ma femme
Était plus chère à mon âme que celle-ci à sa propre essence.

d) *L'Amitié.* — Poe eut des amis dévoués; il eut aussi beaucoup d'ennemis irréconciliables. Son esprit, le charme de sa parole, son affectueuse amabilité lui attiraient la sympathie immédiate de tous ceux qui l'approchaient, mais son amour-propre très susceptible, surtout son inégalité d'humeur transformaient souvent en froideur ou en haine les amitiés commençantes. Il fut très injuste parfois pour les écrivains de son époque, entre autres pour Longfellow.

Il était d'ailleurs difficile de lui garder longtemps rancune de la maussaderie de son caractère lorsqu'on connaissait tous ses malheurs. Et puis il savait si bien se faire pardonner ses torts! Quelle douce attention, quelle amabilité ne montrait-il pas à ses amis, lors de ses instants de calme et de santé! Mrss. Osgood raconte la jolie histoire suivante:

Je le trouvai travaillant à la série d'articles qu'il a publiés sous le titre : *The Literati of New-York.* « Voyez, me dit-il en déployant avec un rire de triomphe plusieurs petits rouleaux de papier, je vais vous montrer par la différence des longueurs les divers degrés d'estime que j'ai pour chaque membre de votre gent littéraire. Dans chacun de ces papiers l'un de vous est peloté et proprement discuté... Venez ici, Virginia, et aidez-moi ! » Et il les déroulèrent tous un à un. A la fin, il y en avait un qui semblait interminable. Virginia, tout en riant, reculait jusqu'à un coin de la chambre, le tenant par un bout, et son mari vers un autre coin avec l'autre bout. « Et quel est l'heureux, dis-je, que vous avez

jugé digne de cette incommensurable douceur? — L'enten-
tendez-vous ? s'écria-t-il, comme si son vaniteux petit cœur
ne lui avait pas dit que c'est elle-même ! » (1).

c) *L'Amour.* — « Aucun homme, a dit Poe, ne peut
se vanter d'avoir le droit de se plaindre du Destin
quand il garde jusque dans l'adversité l'immuable
amour d'une femme ! » (2).

Il a été toute sa vie à la recherche de cet immuable amour et de la femme idéale capable de le lui
donner. Ses amours ont été presque aussi nombreuses que les femmes qu'il a rencontrées et que son
imagination malade enrichissait de toutes les beautés
du corps et de l'esprit. Nous l'avons vu, ces passions
ne s'accompagnèrent jamais d'un désir de possession ; elles restèrent toujours purement platoniques.
Et c'est là justement ce qui les rend anormales.
L'amour éternellement idéalisé et privé de l'instinct
sexuel est une anomalie que Poe a présentée. « La
conformation anormale du caractère se manifeste de
bonne heure par une tendance molle et sentimen-
tale. Dès l'époque de la puberté, des traces du futur
délire primordial se produisent, car ces individus se
créent un idéal pour lequel ils s'enthousiasment, ou
bien ils s'amourachent d'une femme, généralement
plus âgée qu'eux, qu'ils n'ont jamais vue ou qu'ils
n'ont rencontrée qu'en passant. Ils ont en même
temps un naturel rêveur, mou, sans énergie et des
velléités d'hypocondrie. Dans leurs songes et dans
leurs rêveries à l'état de veille, ils continuent à tisser

(1) BAUDELAIRE.
(2) *Poetic Principle.*

et à développer leur roman d'amour (1). » Poe a offert tous ces caractères ; nous l'avons vu au moment de sa puberté aimer la mère d'un de ses camarades ; puis, rechercher toujours un idéal féminin. Il a donc été un anormal sexuel, un érotomane. C'est ce qui permet de concilier la sincérité de son affection pour Virginie avec ses romans sentimentaux. Ce n'est d'ailleurs qu'à la fin de sa vie que son érotomanie a pris une acuité remarquable à laquelle ne sont peut-être pas étrangers ses chagrins et ses excès d'alcool et d'opium (2).

Il est intéressant de constater que cet amour n'est pas seulement anormal en soi ; il l'est encore dans ses manifestations. « Je ne pouvais aimer, a dit Poe, que si la mort mêlait son souffle à celui de la beauté ou si l'hymen, le temps ou le destin s'interposaient entre elle et moi (3). » Si l'on parcourt ses poésies, ses œuvres en prose, on les trouve pleines de figures fémi-nines répondant à des degrés divers à l'idéal de beauté, de sagesse et de science que le poète s'était créé. Toutes ces femmes, incomparablement belles et savantes, ont en elles quelque chose d'étrange qui ajoute à leur charme pour l'écrivain qui a dit : « Il n'y a pas de beauté exquise sans une certaine étrangeté dans les proportions (4). »

Toutes sont malades ; presque toutes meurent :

(1) Von Krafft Ebing, *Traité clinique de psychiatrie.*

(2) Nous renvoyons à l'histoire de la vie pour les détails de ses pas-sions à grands fracas, véritables feux follets vite éteints, vite rallumés.

(3) *Works.* Introduction.

(4) *Ligeia.*

Ligeia, Morella, Amabel Lee, Éléonora sont tuber-
culeuses, Madeline, Bérénice épileptiques... Faut-il
voir dans ces visions morbides un reflet de la maladie, puis de la mort de Virginie? Il semble plutôt,
comme le signale Lauvrière, qu'il y ait là une tendance véritable, un amour pathologique pour des
êtres rendus plus immatériels par l'approche de la
mort.

Dans les jours les plus brillants de son incomparable
beauté, dit Egœus parlant de sa cousine Bérénice, très sûrement je ne l'avais aimée... A travers les blancheurs du cré-
puscule... elle avait traversé mes yeux et je l'avais vue, non
comme la Bérénice d'un songe, non comme un être de la
terre, un être charnel, mais comme l'abstraction d'un tel
être, non comme une chose à admirer, mais à analyser (1).

Merveilleusement belles, savantes d'un savoir sur-
humain, irrésistiblement séductrices, ces créations du
poète ne sont en effet que des visions. Elles ont
« l'éclat d'un rêve d'opium », ce sont « des visions
aériennes et saisissantes, plus étrangement célestes
que les rêveries qui voltigent dans les âmes assou-
pies des filles de Délos » (2).

LES INCLINATIONS IMPERSONNELLES

a) *L'Amour du vrai.* — « La vérité est la satisfaction
de la raison. — Les exigences de la vérité sont ri-
goureuses ; elle n'a point de sympathie pour les
myrtes (3). » La vie et les œuvres de Poe ne sont point

(1) *Bérénice.*
(2) *Ligeia.*
(3) *Poétic Principle.*

trop en contradiction avec ces principes qu'il a énoncés. En tant que critique, il a eu vraiment quelques faiblesses sur lesquelles nous n'avons pas à nous appesantir : certainement les éloges et les blâmes qu'il a décernés ont été quelquefois trop en rapport avec sa personnalité excessive. Mais n'oublions pas que malgré sa misère il ne sacrifia jamais au mauvais goût de ses contemporains son esprit d'indépendance.

Dans ses contes qui nous intéressent plus particulièrement, il a livré au grand jour tous ses vices, toutes ses tares pathologiques... Et si le vrai, chez lui, paraît quelquefois conventionnel, c'est qu'il a été la manifestation d'un esprit malade ; il nous faut cependant signaler ici que Poe a toujours une tendance à déformer la vérité, tendance dont il n'est d'ailleurs pas responsable, nous le verrons plus loin.

b) *L'Amour du beau.* — Rechercher les manifestations de l'amour du beau chez Poe, serait faire l'histoire de ses théories poétiques. Il a écrit :

Il y a au fond du cœur de l'homme un immortel instinct qui est manifestement le sens du beau. C'est à lui que l'homme doit cette joie que lui donnent toutes ces formes, tous ces sons, tous ces parfums, toutes ces sensations qui entourent son existence (*The Philosophy of Composition*). Le plaisir qui est à la fois le plus pur, le plus sublime et le plus intense provient de la contemplation du beau. Je fais de la beauté, comprenant en ce mot le sublime, le domaine de la poésie (*Poetic Principle*).

c) *Le Sens moral.* — Il n'a jamais manqué à Poe en dehors de ses crises passagères de dipsomanie pendant lesquelles son irresponsabilité était complète : ses impulsions, ses obsessions, ses phobies ne l'ont jamais altéré. Le poète a toujours eu la notion exacte du bien et du mal ; il a toujours déploré ses vices ; il les a exagérés même, dans ses contes où il se présente sous divers noms comme un scélérat et un criminel. « Toute ma vertu s'est détachée de moi en une minute, d'un seul coup, comme un manteau (1). » Il a parlé de son « incomparable infamie », de ses « dernières années d'ineffable misère et d'irrémissibles crimes », de « la turpitude de sa vie. », de ses « énormités plus qu'héliogabaliques ». Il faut voir dans ces exagérations manifestes le regret de ses défaillances qu'il déplore.

d) *Le Sentiment religieux*. — La connaissance de l'univers et de Dieu a été un grand problème que Poe a cru pouvoir résoudre. Il a exposé ses théories sur le monde et sa formation dans *Eureka* où il se montre manifestement panthéiste. L'exagération du moi qui le caractérisa toujours est l'origine logique de cette conception. Dieu existe, mais diffus dans toute la nature : il existe morcelé dans chaque être pensant, chaque âme est partiellement son propre Dieu, son propre créateur. L'homme est donc une parcelle de la divinité ; « cessant par gradations imperceptibles de se sentir homme, il atteindra à la longue cette triomphante et imposante époque où il reconnaîtra dans sa propre existence celle de Jéhovah » (1),

(1) *Eureka*.

Il résulte de cette étude des états affectifs d'Edgar Poe que peu d'entre eux ont été normaux. Les uns sont affaiblis comme l'instinct sexuel; d'autres déviés, comme l'amour; d'autres, les plus nombreux, exagérés, comme la curiosité, l'orgueil. La sensibilité est donc caractérisée par une anomalie presque complète des sentiments et des sensations. Il faut bien remarquer que cela a été un legs héréditaire.

Nous avons vu apparaître chez Poe, dès l'enfance et la puberté, les faits pathologiques caractéristiques de sa capacité affective. Les excès d'alcool et d'opium de l'âge adulte ont certainement amplifié au delà de toutes limites ce qui était déjà anormal, mais n'ont rien ajouté. Pour donner un exemple, les hallucinations visuelles et auditives de l'écrivain ont été dues à son alcoolisme ; mais les représentations que lui fournissaient ses centres visuels et auditifs étaient héréditairement anormales.

L'alcool et l'opium ont eu une autre influence. Grâce à sa puissance d'analyste qui émoussait la violence de ses sensations en les transformant intellectuellement, Poe aurait pu peut-être éviter la désagrégation complète de ses facultés. Ses excès ont causé sa folie.

CHAPITRE III

Le Caractère.

Le caractère d'un individu peut être considéré comme l'orientation de ses phénomènes affectifs, des dons naturels que viennent modifier les habitudes, l'éducation, le milieu. C'est donc la marque distinctive d'un être, ce qui le sépare le mieux de ses semblables, ce qui constitue sa personnalité, son moi. L'étude du caractère est la partie essentielle de l'étude de l'état mental de Poe puisqu'elle nous montre les transformations qu'il a fait subir à ses sensations, sa façon propre de réagir aux influences extérieures et d'agir en conséquence.

Chez tous les hommes, le fond premier du caractère est constitué par l'ensemble des qualités naturelles qu'on apporte en naissant et que fixe l'hérédité. Sous l'action des influences extérieures ce fond inné se modifie: en un mot, le caractère change avec l'âge et d'autant plus que les influences extérieures ont été plus vives ou plus prolongées. Ce qui fait le fond du caractère, ce qui le dirige, c'est la volonté moins soumise aux divers facteurs.

Le legs héréditaire laissé à Poe par des ascendants dont le système nerveux fut malade à divers degrés se manifesta de bonne heure par un tempérament autoritaire, orgueilleux, emporté, manquant d'équilibre et que ne modifia pas l'hygiène de l'esprit qu'on appelle l'éducation. Mais lorsque, jeune encore, Poe fut livré seul aux hasards d'une existence pour laquelle il n'était pas préparé, il dut se plier aux exigences extérieures. Il y eut là un premier changement ; le second, plus marqué, fut apporté par l'apparition de l'alcoolisme qui modifie si bien les caractères les mieux trempés par les troubles qu'il apporte dans la sensibilité, l'intelligence et la volonté.

Nous pourrions donc étudier les variations du caractère de Poe pendant sa vie. Il nous a paru plus rationnel de fixer ses traits essentiels tout en tenant compte des changements survenus avec l'âge.

La Volonté. — Dès l'enfance, on observe chez Poe une exagération manifeste de la volonté que signalent son orgueil, son ardeur enthousiaste en tout ce qu'il entreprenait. Cette exagération de la personnalité a été un des traits dominants de sa vie mentale : « Égarée dès ma naissance, mon âme se refusait à tout contrôle (1). » Nous avons déjà étudié l'amour-propre et l'orgueil ; nous avons montré que ses nombreux coups de tête, son imprévoyance, son dédain de tout ce qui lui est étranger sont explicables par cet égotisme qui est certainement un fait anormal quand

(1) *Tamerlan et autres poèmes.*

il est aussi développé qu'il l'a été chez Poe (1). A lui
se rattachent son amour de la solitude, son tempérament de rêveur qui se manifesta dès l'adolescence,
dans ses premiers poèmes où s'exprime l'état d'un
écrivain à la recherche de l'extase. « J'ai prodigué
ma jeunesse en rêveries » (2), fait-il dire à un de ses
héros.

L'extase, manifestation morbide de la volonté, est
considérée comme une exagération de la volition (3).
Nous trouvons là l'aboutissant logique à l'adolescence
du caractère impérieux et dominateur de Poe.
Mais cet état considéré comme une « volonté à haute
dose » ne peut exister sans une réaction inévitable ame-
nant une diminution de l'influx nerveux central. D'où
ces perpétuels accès de dépression qu'on trouve dans
la vie du poète qui a écrit : « La vacillation est le trait
dominant du génie (4). » Il a parlé encore d'une « nerveuse instabilité qui me hantait comme un mauvais
esprit » (5). C'est ainsi que s'expliquent de « malheu-
reuses alternatives d'enthousiasme et de mélancolie » (6), des périodes de travail acharné suivies
d'accès d'indolence et de paresse. C'est aussi la raison
d'être du défaut d'adaptation de Poe aux exigences
de la vie, qui causa sa misère et rendit tous ses
efforts infructueux.

Cet amour de la rêverie s'est accompagné de

---

(1) Voir MAX NORDAU: *Dégénérescence*.
(2) *Bérénice*.
(3) Voir DALLEMAGNE: *Pathologie de la volonté*.
(4) *Marginalia*.
(5) *Manuscrit trouvé dans une bouteille*.
(6) *Le Scarabée d'or*.

l'amour de la solitude qu'on trouve déjà très marqué à l'université de Virginie; pendant sa jeunesse même, Poe fuyait la compagnie de ses camarades (1); il passait pour un taciturne et resta tel toute sa vie. « Le désir de la société, a-t-il dit, ne s'empare de moi que lorsque je me trouve excité par quelque boisson (2). »

Émotivité morbide. — Nous distinguerons une émotivité diffuse caractérisée par l'irritabilité et une émotivité systématisée constituée par les obsessions et les impulsions.

a) *Émotivité diffuse.*— L'inégalité d'humeur de Poe s'objective chez lui par une irritabilité de caractère et une impressionnabilité excessives. « Nul homme ne ressentait plus vivement une preuve de bienveillance; nul homme n'était plus prompt à se venger d'une offense (3). » — « Son organisation était extrêmement délicate et fine. De là son impressionnabilité et sa sujétion à des influences qui n'auraient pas le poids d'une plume avec des hommes ordinaires (4). » Il s'est dit lui-même « enfant d'une race éminemment surexcitable ». Ses accès de colère furent fréquents, n'ayant souvent pour cause qu'un motif futile. Si l'on tient compte de ses misères sans nombre, des calomnies que ses ennemis répandaient sur son compte, de ses excès alcooliques enfin, on comprendra que

---

(1) Voir l'histoire de sa vie.
(2) INGRAM, *loc. cit.*
(3) *Graham's Magazine*, mars 1850.
(4) Graham à Gill, mai 1877.

cette irritabilité se soit transformée en un véritable
délire. Poe après la mort de sa femme traversa des
périodes d'excitation maniaque et eut un accès de
délire de persécution accompagné d'hallucinations
auditives et visuelles (1).

b) *Émotivité systématisée*. — Elle s'est traduite
par des phobies, des obsessions et des impulsions.
« Le poète était accessible à la peur...Même quand il
était absorbé dans son travail, j'observais qu'un
souffle d'air subit, un bruit qu'on ne remarquait pas
autour de lui le faisait tressaillir. Il n'aimait pas l'obs-
curité et sortait rarement le soir... Une fois, il me dit :
« Je crois bien que les démons profitent de la nuit pour
« égarer les imprudents. Et pourtant ajoutait-il, vous
« savez, je n'y crois pas. » Les phobies, les obsessions et les impulsions, sont sous la dépendance de
l'alcoolisme ; nous les retrouverons plus loin.

Le Travail. — À l'inégalité de caractère et l'inconstance de la volonté se surajoutent des inégalités dans
le travail qui complètent bien cette physionomie
d'un être aussi instable. Il est tout naturel qu'un
rêveur dont les sensations étaient exagérées, qui
réagissait très vite et d'une façon intense aux impressions extérieures, n'ait pu avoir l'application à un
travail soutenu que fournit seule une patiente volonté. Dès son enfance, il se faisait remarquer par
son intelligence précoce, mais aussi par son peu de
régularité dans ses études. Plus tard, il en fut de
même et il a avoué : « Je suis extrêmement noncha-

(1) Histoire de la vie.
(2) Graham à Gill., 1er mai 1877.

lant et prodigieusement actif par accès. Il y a des
périodes où toute sorte d'exercice mental m'est une
torture (1). » Et voici comment il travaillait : « Quand
il composait un poème, il se promenait de long en
large dans son salon, une main derrière le dos selon
sa coutume, et mordant les doigts de l'autre jusqu'à
ce que le sang jaillît. Quand il avait trouvé ce qu'il
voulait, il s'asseyait pour rédiger les vers et puis
recommençait à marcher (2). » Cette description est
caractéristique ; elle montre bien l'état de crispation
nerveuse dans lequel se trouvait Poe pendant ses
périodes d'élaboration intellectuelle. Son système
nerveux le rendait incapable d'un travail prolongé.

Nous retrouvons encore ici l'influence des excès
alcooliques qui ont accru cette instabilité, en ame-
nant des périodes d'impuissance absolue. L'œuvre
de Poe d'ailleurs ne comprend aucun ouvrage de
longue haleine à l'exception des *Aventures de Gordon Pym* et d'*Eureka* qui ont une valeur secondaire.
En revanche, si sa capacité de travail a été diminuée,
il n'en a pas été de même de l'étendue de ses connaissances. Nous avons vu au chapitre de la curiosité
combien celles-ci ont été nombreuses ; il faut ajouter
de suite qu'elles ont été aussi un peu superficielles.

Poe a eu une grande facilité d'assimilation et beaucoup de mémoire ; l'énergie soutenue de la volonté
et le calme de l'esprit lui ont manqué (3).

(1) Poe à Lowell dans Woodberry, *loc. cit.*
(2) *Harper's*, mars 1889, in Lauvrière, *loc. cit.*
(3) Nous parlons ici des œuvres vraiment originales de Poe, en
laissant de côté tous les articles disparates que le besoin de vivre lui
a dictés.

CHAPITRE IV

L'Intelligence.

La faculté de connaître est certainement la moins
troublée de l'état mental de Poe. On y relève bien
des irrégularités qui tiennent à une perception anormale des faits extérieurs nécessaires à l'élaboration
de la connaissance. Mais les opérations maîtresses,
l'attention, l'observation, le jugement, ont été peu
ou pas atteintes. Il ne s'agit ici que de l'intelligence
avant l'apparition des troubles causés par l'alcool et
l'opium. L'alcoolisme du poète n'a pas eu seulement
comme conséquence d'amener des perturbations de
la sensibilité, du caractère et de la volonté; il a
retenti sur les actes intellectuels eux-mêmes et nous
avons vu que Poe sur la fin de sa vie est peut-être
devenu un dément. C'est là un fait essentiel, mais
en somme surajouté. La sensibilité, le caractère, pré-
sentaient des dispositions héréditairement morbides
que l'alcool et l'opium n'ont fait qu'exagérer. Au
contraire, l'intelligence a été très longtemps normale
dans ses éléments constituants.

Nous allons étudier l'intellectualité de Poe en distinguant les opérations conservatrices (mémoire, association des idées, imagination) et les opérations intellectuelles proprement dites qui élaborent la connaissance (attention, observation, jugement, raisonnement).

La Mémoire. — Elle a été remarquable chez Poe. Il suffit pour s'en convaincre de voir avec quelle précision, quelle netteté, il décrit ses souvenirs dans ses contes autobiographiques. Parlant de ses souvenirs d'enfance, il a dit dans *William Wilson :* « Il faut que j'aie senti dans mon enfance, avec l'énergie d'un homme fait, tout ce que je trouve encore aujourd'hui frappé sur ma mémoire en lignes aussi vivantes, aussi profondes et aussi durables que les exergues des médailles cathaginoises. »

Cette mémoire brillante disparut d'ailleurs vers la fin de sa vie sous l'influence de l'alcool.

Les images retenues dans la conscience de Poe sont nombreuses. Ce sont surtout des représentations visuelles et auditives de ses sensations normales et de ses hallucinations. Nous savons qu'il fut à la fois un visuel et un auditif et nous étudierons au chapitre de l'œuvre les souvenirs qu'il a gardés. Ce fut aussi un émotif car les états de plaisir ou de douleur ont laissé en lui une profonde empreinte ; il aime s'appesantir sur les souffrances, les décrire avec volupté et les ressentir en les décrivant (1).

L'Association des idées a été très développée. Pour

(1) Voir par exemple: *Le Chat noir*, *William Wilson*.

s'en rendre compte, on peut lire la plupart de ses contes où se montre nettement la tendance de son esprit à passer d'une idée à une autre d'une façon immédiate et spontanée. Nous citerons plus particulièrement le *Double Assassinat dans la rue Morgue*, *La Lettre volée*, *Le Scarabée d'or*.

L'Imagination. — Nous touchons là à un chapitre essentiel de l'intelligence de Poe. Ce qui frappe chez lui au premier abord, c'est son imagination : elle paraît extraordinaire de puissance et d'étendue. Il a parlé lui-même de « la force prodigieuse d'imagination qu'il tenait de sa famille » (1), de « son imagination quelque peu sombre, mais toujours ardente » (2).

Quelle est la nature de cette imagination ? « Pour lui, dit Baudelaire, l'imagination est la reine des facultés ; mais par ce mot il entend quelque chose de plus grand que ce qui est entendu par le commun des lecteurs. L'imagination n'est pas la fantaisie ; elle n'est pas non plus la sensibilité, bien qu'il soit difficile de concevoir un homme imaginatif qui ne serait pas sensible. L'imagination est une faculté quasi divine qui perçoit tout d'abord, en dehors des méthodes philosophiques, les rapports intimes et secrets des choses, les correspondances et les analogies. »

L'imagination ainsi comprise est essentiellement combinatrice, elle se distingue nettement de la mémoire imaginatrice. Pour Poe lui-même, elle se confond avec l'analyse. « L'homme vraiment imaginatif,

(1) *William Wilson.*
(2) *Aventures d'A. G. Pym.*

a-t-il dit, n'est jamais autre chose qu'un analyste (1). »
Il est certain que dans son œuvre le poète a souvent
fait appel à ses sensations.

Les plus macabres et les plus invraisemblables
descriptions de ses contes ne sont très souvent que
des comptes rendus de ses états morbides, obsessions,
hallucinations, etc. Dans d'autres ouvrages où la part
de réflexion sur des faits personnels est moins grande,
apparaît plus vivement l'imagination créatrice de
l'écrivain qui, partant d'épisodes insignifiants, trans-
forme ces données en des œuvres complexes et
admirablement conduites. Il est à remarquer que
même dans ses récits les plus extraordinaires, il
cherche à donner l'illusion de la réalité : *Le Scarabée
d'or*, *Une Descente dans le Maelstrom*, *Le Cas de
M. Valdemar* finissent par paraître vraisemblables.
Pour atteindre ce but, Poe s'entoure d'un luxe de
connaissances qui étonne et fait croire à l'exactitude
des faits racontés. Dans *Pym*, *Le Manuscrit trouvé
dans une bouteille*, abondent les détails techniques
sur l'art de la navigation ; dans *Hans Pfaal*, les renseignements scientifiques et astronomiques sont si
nombreux et si précis qu'on arrive presque à comprendre sans difficulté qu'un homme puisse aller
de la terre à la lune. Dans *Le Cas de M. Valdemar* on
trouve une description médicale de la tuberculose
pulmonaire. Dans *Le Double Assassinat de la rue
Morgue*, *La Lettre volée*, *Le Mystère de Marie Roget*,
on croirait lire des rapports médico-légaux accom-

(3) *Double assassinat dans la rue Morgue.*

pagnés de termes techniques et conduits avec une sûreté remarquable (1).

Une telle imagination, si raisonnable peut-on dire, étonne chez un écrivain dont les perceptions ont été si anormales. Et, de fait, elle n'est pas exempte de troubles.

En premier lieu, elle déforme en grossissant. Dans les moindres détails de son œuvre entière, Poe exagère tout ce qu'il voit, tout ce qu'il touche. C'est ainsi que la salle d'étude de l'école où William Wilson est en pension est « la plus vaste de toute la maison et même du monde entier ». Il ajoute d'ailleurs aussitôt : « du moins je ne pouvais m'empêcher de la voir ainsi. » L'instruction de Ligeia est « immense, telle que jamais je n'en vis la pareille dans une femme ». Le gouvernail du bateau sur lequel se trouve Pym est installé « comme je n'en avais jamais vu jusqu'alors et comme je n'en ai pas vu depuis ». Les vagues du gouffre du Maelstrom sont « aussi hautes que des montagnes ». Ce ne sont là que des détails ; il serait facile de prolonger les citations.

Poe a d'ailleurs dit : « Les faits ne sont jamais exagérés ; mais les impressions qui s'en dégagent doivent avoir, par rapport aux perceptions ordinaires, un air d'exagération. » Il y a là un aveu intéressant quoique mitigé.

Cette imagination est aussi anormale en ses mani-

---

(1) On pourrait étudier Poe au point de vue très intéressant de ses connaissances médicales. Nous y avons pensé, mais il nous a semblé qu'une pareille étude sortirait du cadre que nous nous sommes fixé.

festations. Elle ne se contente pas de nous donner des descriptions aussi irréelles que délicieuses telles qu'on en trouve dans *L'Ile de la Fée* ou *Le Domaine d'Arnheim*, descriptions qui sont des rêves. Elle nous montre les spectacles horribles, atroces, angoissants du *Roi Peste*, de *La Chute de la maison Usher*, du *Masque de la Mort rouge*, du *Cas de M. Valdemar*, etc. « Toutes mes visions, dit Poe dans la bouche de Pym, étaient de naufrage et de famine, de mort ou de captivité parmi des tribus barbares, d'une existence de douleurs et de larmes traînée sur quelque rocher grisâtre et désolé dans un océan inaccessible et inconnu. »

Il est plus que probable que l'alcool a eu une grande influence sur une telle orientation de la faculté imaginative.

A l'imagination se rattache le besoin de mystification déjà remarqué à l'université et à West-Point et qui dura pendant toute la vie de Poe. N'a-t-il pas écrit en 1845 dans le *Broadway Journal* : « Si l'on nous posait la question : Quel est sous la lune le plus exquis des plaisirs ? Nous répondrions sans hésiter : C'est de faire du tapage ou, selon l'expression classique d'un ami de l'Ouest, de monter un attrape-nigauds. » Il parle dans son œuvre à diverses reprises de sa « mystification froide ».

Opérations intellectuelles. — Elles se résument et se condensent dans la logique qui suppose l'attention, l'observation, le jugement et le raisonnement. C'est là la faculté maîtresse de Poe, le recoin de son intelligence vraiment sain et d'une façon admirable.

C'est elle qui lui a permis de transformer en superbes productions littéraires ses sensations anormales. « La plus haute forme de l'intelligence, a-t-il dit, est toujours éminemment mathématique (1). » L'homme qui raisonne le plus justement est à son avis un poète doublé d'un mathématicien (2); poète pour savoir, mathématicien pour ordonner la connaissance. Il avait une aptitude marquée pour les mathématiques; nous avons vu quelle était sa science du raisonnement qui lui permettait de déchiffrer les problèmes les plus ardus et d'expliquer les choses les plus inexplicables (3).

Cette logique, il l'a exprimée en ses théories poétiques ; il l'a transportée dans ses contes qui sont des chefs-d'œuvre de proportion, de progression et de condensation d'effets. Plusieurs d'entre eux sont basés sur le pur raisonnement : tels ses contes médico-légaux et *Le Scarabée d'or*. Poe d'ailleurs aimait le raisonnement pour le raisonnement. Il a dit : « Les facultés de l'esprit qu'on définit par le terme analytiques... sont pour celui qui les possède à un degré extraordinaire une source de jouissances des plus vives (4). »

Son amour de la logique a fini par devenir excessif ; ses héros sont trop raisonneurs. Et nous retrouvons ici encore l'influence de l'alcool qui, agissant sur une faculté de l'attention très intense, a

(1) Griswold and the Poets, in LAUVRIÈRE, *loc. cit.*
(2) *La Lettre volée.*
(3) Voir *Le Joueur d'échecs de Maelzel.*
(4) *Double Assassinat dans la rue Morgue.*

donné des obsessions dont nous reparlerons dans
l'œuvre. Il n'en est pas moins vrai qu'un écrivain
aussi anormal que Poe a pu traduire ses états
morbides en de splendides productions littéraires.
Et nous conclurons avec Lauvrière : « S'il a su transformer en chefs-d'œuvre artistiques des produits
franchement vésaniques, c'est que sa vigueur émo-
tionnelle, si extravagante qu'elle soit, le cède à sa
rigueur intellectuelle ; sa raison lucide triomphe de
sa sensibilité exaspérée ; son art dompte sa folie. »

· ·

Résumons maintenant en quelques mots les renseignements que nous fournit l'étude des antécédents, de la vie et de la psychologie d'Edgar Poe. Nous
voyons que, descendant d'une famille d'alcooliques
et de névropathes, il a présenté dès son enfance des
anomalies mentales caractérisées essentiellement par
un manque d'équilibre ; à côté d'exagérations mani-
nifestes des phénomènes sensitifs et intellectuels,
nous trouvons des diminutions non moins marquées.
Cela est très net surtout pour les premiers ; Poe a eu
avant tout une sensibilité malade. C'est ainsi que
nous l'avons vu réagir d'une façon intense aux exci-
tations extérieures, aux perceptions auditives ou
visuelles ; nous avons étudié son orgueil extrême,
son amour de la rêverie, ses anomalies de l'instinct
sexuel, ses inégalités de la volonté et du travail. En
somme, il aurait été un être bizarre, excentrique, un
de ceux qu'on désigne sous le nom de *détraqués*,
sans l'apparition à son âge adulte d'un facteur essen-

tiel et qui d'ailleurs se rattache à ses prédisposi-
tions morbides : l'alcoolisme qu'a complété l'abus
de l'opium. L'un et l'autre sont des perturbateurs
extraordinaires de la personnalité. Survenant chez
un être héréditairement fort anormal, ils ont poussé
à l'extrême tout ce qui était déjà du domaine de la
pathologie, ajouté des faits nouveaux et plongé
Poe dans la folie. Nous connaissons déjà toute leur
influence ; il nous reste à étudier comment et pourquoi Poe est devenu alcoolique et opiophage, quels
caractères ces deux tares ont présenté et à synthé-
tiser leur action. C'est ce que nous allons exposer
dans le chapitre suivant.

CHAPITRE V

L'Alcool. — L'Opium.

> Quel mal est comparable à l'alcool ?
> (*Le Chat noir.*)

Entre tous les grands écrivains dont les singularités pathologiques attirent l'attention, Poe occupe une place d'honneur. Aux yeux de beaucoup, il n'a été qu'un ivrogne cherchant dans le vin l'oubli de tous ses maux et les lui devant en grande partie. Cette opinion a été répandue par son premier biographe, Griswold, qui le peignit sous les couleurs d'un bohème débauché, ivre et méprisable; les revues américaines s'acharnèrent sur le malheureux, ne pouvant sans doute, comme on l'a dit, lui pardonner ses excès d'intempérance commis en public alors que la morale anglo-saxonne autorise les scènes d'ivrognerie seulement à l'abri des regards importuns (1).

Baudelaire, tout en protestant contre les injustes attaques de la presse américaine, n'en a pas moins admis l'alcoolisme de Poe et il a cru que le poète se servait de l'ivresse comme d'une « méthode de travail,

(1) T. de Wyzewa : *Écrivains étrangers.*

méthode énergique et mortelle, mais appropriée à sa nature passionnée ».

De nos jours seulement, la pathologie mentale a éclairci ce point important. Les premières observations attentives de la façon dont buvait Poe montrèrent des singularités remarquables. Baudelaire lui-même a reconnu qu' « il ne buvait pas en gourmand, mais en barbare, avec une activité et une économie de temps tout à fait américaines, comme accomplissant une fonction homicide, comme ayant en lui quelque chose à tuer ». En réalité, Poe ne buvait pas en ivrogne, mais en malade. Il a vaguement pressenti tout ce que sa conduite avait d'irresponsable et protesté contre la sévérité de ses contemporains. « Je soupire, a-t-il dit, après la sympathie, — j'allais dire la pitié, — de mes semblables. Je voudrais leur persuader que j'ai été en quelque sorte l'esclave de circonstances qui défiaient tout contrôle humain. Je désirerais qu'ils découvrissent dans les détails que je vais leur donner quelque oasis de *fatalité* dans un sahara d'erreur (1). » Il écrivait encore : « En aucune période de ma vie, je n'ai été ce qu'on appelle intempérant. Je n'ai jamais eu des *habitudes* d'ivrognerie (2). » — « Je ne trouve absolument aucun plaisir en ces stimulants auxquels je me livre parfois si furieusement (3). » Un observateur impartial, Daniel, de la revue *Southern Litterary Messenger*, a compris cette anomalie. « La plupart des buveurs, dit-il, même

(1) *William Wilson.*
(2) Poe au docteur Snodgrass, *Baltimore American*, avril 1887.
(3) Lettre du 4 janvier 1848, INGRAM, *loc. cit.*

les plus endurcis, font de leur mauvaise habitude une
source de plaisir, de jouissance, de volupté, un
moyen de s'exciter ou une satisfaction de leur palais.
Il n'en était pas de même pour Poe. Son goût pour les
boissons était pure maladie et non une source de
plaisirs ou d'excitation. Une fois que le poison était
passé entre ses lèvres, il allait de suite à un bar et
buvait verre sur verre tant que le génie tutélaire de
ces lieux pouvait verser, jusqu'à ce que ses facultés
sombrassent totalement (1). »

Poe n'était donc pas un vicieux, mais un malade ;
ce n'était pas un alcoolique, mais un dipsomane.
Nous n'avons pas à décrire ici les symptômes de la
dipsomanie qui est une entité aujourd'hui bien connue et bien étudiée. Nous indiquerons sommaire-
ment ses caractères dont nous rechercherons l'existence chez Poe.

« La dipsomanie est un état morbide caractérisé
par l'impulsion irrésistible à boire ; impulsion qui se
reproduit d'une façon intermittente. Le plus souvent
ce sont des liqueurs alcooliques ou excitantes que
les malades absorbent ; mais l'impulsion peut exister
pour tout autre liquide. La distinction entre les dipsomanes et les buveurs en général est très claire-
ment indiquée dans cette phrase de Trélat si souvent
citée : « Les ivrognes sont des gens qui s'enivrent
« quand ils ont l'occasion de boire. Les dipsomanes
« sont des malades qui s'enivrent toutes les fois que
« leur accès les prend (2). »

(1) *Southern Litterary Messenger*, mars 1850.
(2) ARNAUD, In BALLET: *Traité de pathologie mentale.*

L'accès dipsomaniaque est annoncé par des prodromes dont les principaux sont de la mélancolie,
de la tristesse, de la dépression mentale. Le malade
est pris d'un irrésistible besoin de boire auquel il
finit par céder. Il perd alors tout sentiment de sa
personnalité et, ivre-mort, peut se livrer à tous les
excès. Certains dipsomanes boivent en compagnie
de camarades qui les ont souvent entraînés : ce sont
les dipsomanes cyniques de Ball. D'autres recher-
chent la solitude : ce sont les dipsomanes mysté-
rieux.

La crise passée, le malade revient à la raison,
presque toujours déplore sa faiblesse, jure de ne
plus recommencer et tient sa promesse d'une façon
absolue jusqu'au jour où survient une nouvelle chute
involontaire. Les accès varient de durée ; ils se rap-
prochent avec les progrès de la maladie. La nature
des breuvages absorbés est variable ; le plus souvent
ce sont le vin et l'eau-de-vie, quoiqu'on ait vu des
dipsomanes absorber des liqueurs très différentes.

La dipsomanie finit par s'accompagner des symptômes de l'alcoolisme chronique (1). Elle guérit
exceptionnellement.

Les dipsomanes sont très souvent des descendants
d'alcooliques ; en tout cas ce sont des dégénérés.

Nous trouvons dans la façon de boire de Poe tous
les caractères que nous venons d'énumérer. Nous

(1) Ce n'est pas là l'opinion de Lasègue qui fait de l'alcoolisme et
de la dipsomanie deux maladies radicalement différentes. Cette théorie n'est pas admise aujourd'hui par la majorité des auteurs, et nous
verrons que la dipsomanie d'E. Poe s'est accompagnée de tous les
symptômes de l'intoxication alcoolique.

avons vu tout d'abord qu'il a eu des ascendants manifestement alcooliques et que lui-même a présenté dans sa jeunesse les stigmates mentaux d'un dégénéré héréditaire. Nous ne revenons pas là-dessus. Il nous faut maintenant faire l'histoire de la dipsomanie du poète, étudier ses manifestations et ses conséquences.

Dans son tout jeune âge, les parents adoptifs de Poe, profitant de son talent d'élocution déjà remarquable, lui faisaient souvent porter des toasts, un verre de vin à la main (1) ; il est possible que ces premiers excès agissant sur un organisme jeune et prédisposé aient eu une influence sur l'apparition des accès dipsomaniaques. Ceux-ci se sont montrés pour la première fois à l'université, en 1826. C'est alors que Poe commença à boire de l'étrange façon que nous avons signalée. Il y eut à cette époque sans doute, de la part du poète, un désir naturel de faire comme ses camarades et son organisme malade réagit sous l'action de l'alcool par la dipsomanie.

Ces crises du début cessèrent à West Point et jusqu'au moment où le départ de cette école fit tomber Poe dans une misère profonde qui coïncide avec l'apparition de nombreux accès. Vers 1830, une scène d'ivrognerie causa la rupture d'un mariage projeté avec une jeune fille de Baltimore. Puis survient une longue période de tempérance. En 1835, de subits accès de mélancolie ne sont que les prodromes d'une reprise des crises dipsomaniaques qui cessent bientôt, Poe,

(1) E. Lauvrière, loc. cit.

de nouveau confiant dans son avenir, peut écrire : « Je suis maintenant, à tous les points de vue, bien portant et heureux (1). » A cette époque, il se marie avec Virginie ; il semble bien qu'il se soit livré peu de temps après à de nouveaux excès alcooliques. Son départ brusque et sans motif apparent de la revue *Messenger* pourrait ainsi s'expliquer. En mars 1842, les accès réapparaissent nombreux ; l'un d'eux eut malheureusement la conséquence de faire perdre au poète un poste du gouvernement qu'il enviait (2) ; puis, on signale une période de calme ; la phtisie qui consumait Virginie entre dans une phase aiguë et les crises se précipitent. Sans être la cause de la dipso-manie de Poë, comme il l'a soutenu, il est certain que cette maladie a contribué à en provoquer les accès. Il semble qu'à cette époque se soient surajou-tées des débauches d'ivrognerie véritable (3).

Au moment de la mort de sa femme, en janvier 1847, les excès alcooliques étaient à peu près per-manents chez le poète qui, hagard et misérable, par-courait souvent les rues malgré la pluie et le vent, en murmurant des paroles incohérentes. Puis, subite-ment, les crises disparaissent et sont remplacées par une excitation maniaque : c'est la période des amours passionnées de Poë pour toutes les femmes qui l'ap-prochaient. Une crise dipsomaniaque, en décembre 1848, rompt ses fiançailles avec Mrs. Whitman. Enfin

(1) Lettre à Kennedy du 22 janvier 1830.
(2) Voir l'histoire de la vie.
(3) On trouve éparpillées dans ces œuvres, notamment dans *L'Ange du Bizarre* et *Pym*, des descriptions de scènes d'ivresse que le poète a sûrement vécues.

en octobre 1849, à Baltimore, un ouvrier imprimeur le trouve ivre-mort et râlant dans une taverne ; on l'envoie à l'hôpital de la ville où il meurt dans un violent accès de delirium tremens.

Telle est l'histoire de la dipsomanie de Poe, dans laquelle on retrouve bien les impulsions à boire paroxystiques et intermittentes qui caractérisent cette maladie. Dans l'intervalle des accès, remarquons-le, le poète était très tempérant ; il regrettait ses débauches involontaires et il fit même partie d'une société antialcoolique. Au moment de sa mort, pendant de rares instants de lucidité, il ne cessa de déplorer ses excès.

Comment buvait-il ? Le témoignage de ses contemporains concorde sur ce fait qu'une petite quantité de liqueur absorbée suffisait à le rendre malade. « Il avait, a dit un de ses amis, un de ces tempéraments qui ne trouvent de sécurité que dans une abstinence absolue. » Après avoir absorbé les premiers verres d'alcool qui troublaient son intelligence, il tombait dans un état d'ivresse amnésique, buvait alors d'une façon exagérée et, dans un véritable état d'automatisme cérébral, commettait divers actes dont il ne gardait plus le souvenir, la crise passée. L'excitation produite se traduisait la plupart du temps chez lui par des fugues imprévues et mystérieuses hors de son quartier ou de sa ville, ce qui est bien conforme à la règle observée par les dipsomanes en pareil cas. Ces fugues ont été nombreuses. Mrss. Clemm dut souvent ramener à Philadelphie le poète égaré, errant au hasard dans des bois ou des quartiers déserts. Poe a

d'ailleurs reconnu qu'il avait de temps en temps des
« accès de vagabondage ». Et il a ajouté : « Quand
je suis pris par un de ces accès... je ne voudrais ni
en réalité ne *pourrais* échapper à cette humeur,
eussé-je à répondre au grand Mogol m'informant
qu'il m'a déclaré héritier de ses biens (1). »

Un grand nombre d'accès dipsomaniaques avortés
se traduisirent chez lui par une excitation anormale
de ses facultés et des changements de caractère. Un
de ses collaborateurs, Willis, a écrit ces quelques
lignes qui sont caractérisques : « Avec un seul verre
de vin sa nature entière était transformée ; le démon
prenait le dessus, et, quoique aucun des symptômes
usuels de l'ivresse ne fût apparu, sa volonté était
visiblement aliénée. Possédant alors ses facultés logi-
ques dans un état d'activité exaltée et abordant les
personnes de sa connaissance de son air habituel
avec tous ses souvenirs antérieurs, il ne semblait que
jouer un autre rôle de son caractère naturel et se
trouvait par suite accusé d'arrogance insultante et de
perversité (2). »

Poe était un dipsomane cynique. Il était souvent
entraîné à boire par des amis qui l'emmenaient avec
eux au cabaret ; dans sa maison, il était d'une parfaite
sobriété. « Le désir de retrouver la société, a-t-il dit,
ne s'empare de moi que lorsque je me trouve excité
par quelque boisson (3). »

Que buvait-il ? Du rhum très probablement, car

(1) *Century,* octobre 1894.
(2) *Home Journal,* 13 octobre 1849.
(3) Ingham, *loc. cit.*

cette boisson était fort en honneur parmi ses compatriotes les gens du sud des États-Unis, et il en parle souvent dans ses œuvres. Mais il n'est pas douteux qu'il avait des préférences marquées pour le vin car il le cite à chaque instant dans ses contes (*Pym*, *L'Ange du Bizarre*, *Le Chat noir*, *William Wilson*, *La Barrique d'Amontillado*, etc., etc.).

La dipsomanie de Poe s'est accompagnée de certains symptômes de l'alcoolisme chronique. Nous ne pouvons savoir si le poète a eu des troubles viscéraux, hépatiques par exemple, à la suite de son intoxication. Il est probable qu'ils ont manqué car ni ses contemporains ni lui-même n'en ont parlé. L'alcool a surtout agi sur son système nerveux déjà malade et particulièrement prédisposé, d'autant plus qu'il est, comme on l'a dit, un grand poison de l'intelligence. Les troubles intellectuels ont été divers : signalons d'abord le sentiment de la peur qui a été horrible, des cauchemars avec apparition d'animaux, des obsessions, des impulsions morbides, enfin des hallucinations de la vue et de l'ouïe. L'alcoolisme a eu encore pour résultat, nous l'avons vu dans les précédents chapitres, de transformer un instinct sexuel déjà perverti en érotomanie, un orgueil exagéré en manie des grandeurs, de causer la désagrégation des facultés mentales et d'amener des accès de folie véritable. S'il ne constitue donc pas toute la pathologie de Poe, comme on a voulu le dire, il est certain que son action a été essentielle et tristement fatale.

Il nous reste à étudier un point important, l'influence de l'alcoolisme sur l'inspiration et les moyens de travail. Il nous faut considérer deux facteurs, car le poète n'a pas eu seulement des accès de dipsomanie ; il a présenté les symptômes de l'intoxication chronique par l'alcool et il est nécessaire de faire la part qui revient à chacun d'eux.

Baudelaire a écrit : « Jamais la pureté, le fini de son style, jamais son ardeur au travail ne furent altérés par cette terrible habitude... la conception de la plupart de ses excellents morceaux a précédé ou suivi une de ses crises. » Et il conclut que Poe avait besoin de l'excitation passagère de l'ivresse pour retrouver « les visions merveilleuses ou effrayantes, les conceptions subtiles qu'il avait rencontrées dans une tempête précédente ». L'opinion de Baudelaire, appuyée seulement sur un article du *Southern Litterary Messenger*, est d'autant plus discutable que l'écrivain français croyait à tort que Poe buvait volontairement.

Arvède Barine a dit au contraire : « Loin de sortir de son verre, ses chères visions n'avaient pas de plus grand ennemi que l'alcool ; leur perte était le résultat certain et la punition de ses excès. Chaque crise le rendait malade pour plusieurs jours (1). »

Les lettres de Poe montrent que chaque accès dipsomaniaque était précédé par une longue période de mélancolie, de dépression morale pendant laquelle l'inaptitude au travail et le dégoût de toute besogne étaient complets. Après la crise il souffrait vraiment. « Pendant quelques jours après chaque excès, je

(1) A. BARINE : *Névrosés*.

devais invariablement garder le lit (1). » Un de ses amis a donné une description intéressante du changement opéré en lui par l'absorption d'une boisson :

Ayant soif, je le pressai de prendre un verre de vin avec moi. Il refusa, puis finalement accepta, par manière de compromis, un verre de bière. Presque aussitôt un grand changement s'accomplit en lui. Au lieu de se livrer comme auparavant à une conversation d'une éloquence incroyable, il se trouva comme paralysé ; et les lèvres serrées, les yeux fixes et hagards, il s'en revint sans prononcer un mot dans la maison où nous étions en visite. Pendant des heures, il resta en proie à cette mystérieuse influence. On eût dit un être transformé, comme atteint de quelque bizarre accès d'aliénation (2).

Quelques jours avant et quelques jours après une crise dipsomaniaque, Poe était donc malade et incapable de se livrer à un travail intellectuel ; non seulement son inspiration n'était pas puisée dans l'excitation passagère produite par une crise, mais encore elle était annihilée puis affaiblie par elle.

L'influence qu'a eu l'intoxication alcoolique chronique est bien différente. Elle a causé des obsessions, des impulsions, des phobies, des hallucinations. Avec son esprit logique et profondément analyste, Poe a évoqué dans ses chefs-d'œuvre tous ces états morbides et les a parés d'une forme riche et brillante. A ce point de vue, Baudelaire a raison et nous pouvons conclure avec lui : « Une partie de ce qui fait aujourd'hui notre jouissance est ce qui l'a tué. »

(1) Poe au docteur Snodgrass, *Baltimore American*, avril 1881.
(2) GILL, *loc. cit.*

Poe n'a pas été seulement un alcoolique ; il a eu un
autre vice, moins retentissant d'ailleurs, l'usage immodéré de l'opium. Nous avons vu à l'histoire de sa
vie que pendant la maladie de Virginie, une cousine
de l'écrivain mentionne en même temps que ses excès
de boisson, son amour de l'opium. Probablement
l'abus de cet alcaloïde remonte plus haut comme l'indique le témoignage de contemporains de Poe qui le
virent sous l'influence du narcotique. Le poète avoue
cette néfaste habitude dans un grand nombre de ses
contes dans lesquels il décrit « le sommeil troublant,
l'éclat des rêves du fumeur ». — « J'étais devenu un
esclave de l'opium ; il me tenait dans ses liens et tous
mes travaux et mes plans avaient pris la couleur de mes
rêves (1) ». — « Son imagination... tirait sans doute
une force additionnelle de l'usage habituel de l'opium
qu'il consommait en grande quantité et sans lequel
l'existence lui eût été impossible. C'était son habitude
d'en prendre une bonne dose immédiatement après
son déjeuner, chaque matin (2). » Dans ses *Marginalia*, Poe déclare que même après les *Confessions d'un
mangeur d'opium* de Th. de Quincey, il y aurait
encore beaucoup à dire sur ce sujet et il parle de la
nécessité pour un grand homme affaissé intellectuellement de se donner une force nouvelle par des stimulants énergique.

(1) *Ligeia*
(2) *Les Souvenirs de M. Auguste Bedloe.* On trouve encore l'opium
mentionné dans *L'Assignation, Bérénice, La Maison Usher*, etc.

Son abus de l'opium n'est donc pas douteux. Sous quelle forme le prenait-il ? La question est plus difficile à résoudre (1). Il nous est permis de penser que Poe était un opiophage ; il a nettement signalé cette façon d'absorber le poison dans deux de ses contes, *Les Souvenirs de M. A. Bedloe* et *La Chute de la maison Usher*. A l'époque où il vivait, beaucoup d'Américains en faisaient d'ailleurs autant. Et nous ne devons pas oublier que peu de temps avant sa mort, il essaya de se suicider avec du laudanum.

Avait-il commencé à prendre de l'opium pour essayer de rompre avec son irrésistible alcoolisme ? (2). C'est possible. On peut dire également que l'opiophagie a été comme la dipsomanie le résultat d'une hérédité morbide et que Poe prenait l'opium comme l'alcool, involontairement. La science connaît plusieurs cas de cette double passion.

Il est difficile de démêler, dans les anomalies mentales du poète, la part qui revient à chacun de ces vices, leurs symptômes cérébraux étant souvent les mêmes. Chez Poe, l'opium paraît avoir surtout donné plus d'intensité à ses hallucinations visuelles et entretenu son état de rêverie.

(1) Nous avons fait appel à l'amabilité de M Lauvrière qui n'a pu nous donner d'autres renseignements que ceux qu'on peut tirer des œuvres mêmes de Poe.

(2) LAUVRIÈRE, *loc. cit.*

CHAPITRE VI

L'Œuvre.

———

Pour le psychologue et le médecin, l'œuvre de Poe est intéressante à un double point de vue : elle reflète absolument l'état mental du poète et elle présente des descriptions véritablement scientifiques de phénomènes morbides observés par celui-là même qui les a éprouvés. Le premier point est à considérer par le psychologue et dans l'étude que nous venons de faire, nous nous sommes abondamment servi de l'œuvre de Poe pour le caractériser ; le second intéresse davantage le médecin ; c'est celui dont nous avons maintenant à nous préoccuper. En d'autres termes, nous allons rechercher dans l'œuvre les observations de cas pathologiques qu'on peut y trouver. Poe a été à la fois alcoolique et opiophage, et de ce fait il a éprouvé certains troubles mentaux, obsessions, impulsions, etc., que la science connaît et qu'elle a classés. Il les a décrits ; les a-t-il bien observés ? Ses récits dont la valeur littéraire est incontestable ont-ils aussi une valeur scientifique ?

Poe n'a pas voulu dans son œuvre faire étalage de connaissances et d'une documentation dont se sont servis plus tard les grands romanciers réalistes. Il s'est contenté de s'observer et de transcrire les résultats de ses analyses. Par conséquent, nous le répétons, ses descriptions sont d'autant plus intéressantes qu'elles sont faites par le malade lui-même, et un malade de talent, de génie, si l'on veut, qui a su les enrichir d'une forme admirable.

Nous allons étudier les diverses manifestations de l'alcoolisme dans les ouvrages de Poe (1) en allant des symptômes du début aux terminaux. Nous savons déjà que l'intoxication par l'opium a produit des troubles qui se sont surajoutés à ceux dus à l'empoisonnement par l'alcool ; nous n'étudierons donc pas séparément les caractères de chacun d'eux.

L'Ivresse. — Ses symptômes ont été peu souvent décrits et d'une façon incomplète. Ils paraissent n'avoir laissé qu'une trace assez légère dans l'esprit de Poe. On trouve cependant disséminées dans ses œuvres des scènes d'ivresse ; ses personnages s'enivrent toujours à la suite d'excès de vin (*Le Roi Peste, Pym, L'Ange du Bizarre*, etc.), ce qui est parfaitement observé. Il connaît aussi parfaitement la plupart des caractères accompagnant l'intoxication aiguë ; il nous parle du « bourdonnement dans les oreilles comme il en arrive quelquefois à un homme qui devient très

(1) Les citations qui suivent sont toutes empruntées aux contes de Poe ; c'est la seule partie de son œuvre intéressante au point de vue auquel nous nous plaçons en ce moment.

ivre » (1) ; il sait très bien que certains ivrognes ont
le vin gai, d'autres le vin triste. Fortunato de la *Barrique d'Amontillado*, William Wilson titubent à la
première période de l'ivresse ; Hop Frog, en buvant,
devient d'une joie méchante ; Auguste, dans *Pym*, est
la proie « d'une de ces ivresses parfaitement concen-
trées qui, comme la folie, donnent souvent à la
victime la faculté d'imiter l'allure des gens en parfaite
possession de leurs sens ». On trouve dans ce dernier roman un tableau assez complet d'une scène
d'ivresse. Les compagnons de Pym, perdus sur un na-
vire désemparé pendant une tempête, ont découvert
une bouteille de vin de Porto qu'ils ont vidée en
partie.

Le vin leur avait donné une espèce de délire... Ils
bavardaient d'une manière incohérente, et sur des choses
qui n'avaient aucun rapport avec notre situation... Auguste,
je me le rappelle, s'approcha de moi, d'un air fort sérieux,
et me pria de lui prêter un peigne de poche, parce qu'il
avait, disait-il, les cheveux pleins d'écailles de poisson...
Parker semblait un peu moins affecté... L'excitation produite dans leurs estomacs vides avait eu un effet violent et
instantané, et ils étaient tous effroyablement ivres. Ce ne
fut qu'avec beaucoup de peine que j'obtins d'eux qu'ils se
couchassent ; ils tombèrent presque aussitôt dans un lourd
sommeil, accompagné d'une respiration haute et soufflante...
Vers le soir, ils se réveillèrent, un à un, et tous dans un état
de faiblesse et d'horreur indescriptible, causé par le vin,
dont les fumées étaient maintenant évaporées.

Intoxication chronique. — Elle s'est accompagnée
d'hallucinations, d'obsessions, d'impulsions et de

(1) *L'Ange du Bizarre.*

phobies dont Poe a donné des descriptions que nous allons examiner.

a) *Hallucinations.* — Ce sont des troubles sensoriels caractérisés par des perceptions subjectives que n'a amené aucune excitation extérieure. Il en existe autant de sortes qu'il y a d'appareils récepteurs ; les plus fréquentes sont les hallucinations visuelles et auditives qui apparaissent aussi très souvent dans l'œuvre de Poe.

On trouve des hallucinations visuelles dans *Les Souvenirs de M. Bedloe, Bérénice, Le Masque de la Mort rouge, Ombre, L'Ile de la Fée, Le Cottage Landor, Le Domaine d'Arnheim,* des hallucinations à la fois visuelles et auditives dans *William Wilson, Ligeia.* Le héros de ce dernier conte a perdu sa femme, lady Ligeia « à la chevelure d'ébène », dont la beauté remarquable était éclairée par de grands yeux étranges et splendides qui n'avaient pas eu de « modèle dans la plus lointaine antiquité ». Malgré son immense chagrin, il se remarie avec une jeune anglaise, lady Rowena de Tremaine « à la blonde chevelure et aux yeux bleus » ; dès le second mois de son mariage, elle est atteinte d'un mal soudain et meurt. Son mari qui la veille sent à la contemplation du cadavre « fondre sur lui mille souvenirs de Ligeia ». Il entend un léger bruit venu du lit de mort et s'aperçoit avec terreur que sa femme vit encore. Ses efforts pour la ranimer sont infructueux ; plusieurs fois la vie semble revenir pour s'échapper de nouveau.

La plus grande partie de la terrible nuit était passée, et celle qui était morte remua de nouveau, et cette fois-ci, plus énergiquement que jamais, quoique se réveillant d'une mort plus effrayante et plus irréparable. J'avais depuis longtemps cessé tout effort et tout mouvement et je restais cloué sur l'ottomane, désespérément englouti dans un tourbillon d'émotions violentes, dont la moins terrible peut-être, la moins dévorante, était un suprême effroi. Le corps, je le répète, remuait et maintenant plus activement qu'il n'avait fait jusque-là. Les couleurs de la vie montaient à la face avec une énergie singulière, les membres se relâchaient, et, sauf que les paupières restaient toujours lourdement fermées et que les bandeaux et les draperies funèbres communiquaient encore à la figure leur caractère sépulcral, j'aurais rêvé que Rowena avait entièrement secoué les chaînes de la mort. Mais si, dès lors, je n'acceptai pas entièrement cette idée, je ne pus pas douter plus longtemps, quand, se levant du lit, et vacillant, d'un pas faible, les yeux fermés, à la manière d'une personne égarée dans un rêve, l'être qui était enveloppé du suaire s'avança audacieusement et palpablement dans le milieu de la chambre.

Je ne tremblais pas, je ne bougeais pas, car une foule de pensées inexprimables, causées par l'air, la stature, l'allure du fantôme, se ruèrent à l'improviste dans mon cerveau, et me paralysèrent, me pétrifièrent. Je ne bougeais pas, je contemplais l'apparition. C'était dans mes pensées un désordre fou, un tumulte inapaisable. Était-ce bien la *vivante* Rowena que j'avais en face de moi ? *cela* pouvait-il être vraiment Rowena, lady Rowena Trevanion de Tremaine, à la chevelure blonde, aux yeux bleus ? Pourquoi, oui *pourquoi* en doutais-je ? Le lourd bandeau oppressait la bouche ; pourquoi donc cela n'eût-il pas été la bouche respirante de la dame de Tremaine ? Et les joues ? Oui, c'étaient bien là les roses du midi de sa vie ; oui, ce pouvaient être les belles joues de la vivante lady de Tremaine. Et le menton, avec les fossettes de la santé, ne pouvait-il pas être le sien ? Mais *avait-elle donc grandi depuis sa mladie ?* Quel inexprimable délire s'empara de moi à cette idée ! D'un bond, j'étais à ses pieds ! Elle se retira à mon contact et elle dégagea sa tête de l'horrible suaire qui l'enveloppait ; et alors déborda dans l'atmosphère fouettée de la chambre une masse de long cheveux désordonnés ; ils étaient *plus noirs que les ailes de minuit, l'heure au plumage de corbeau !* Et alors je vis la figure qui se tenait devant moi ouvrir lentement, lentement *les yeux.*

« Enfin, les voilà donc ! criai-je d'une voix retentissante ; pourrais-je jamais m'y tromper ? Voilà bien les yeux adorablement fendus, les yeux noirs, les yeux étranges de mon amour perdu, de lady, — de *lady Ligeia !* »

Dans *La Chute de la maison Usher* et *Le Cœur révélateur*, Poe a traduit admirablement deux horribles hallucinations auditives. Le dernier de ces contes met en scène un individu qui a assassiné un vieillard et l'a enterré sous le parquet de sa chambre. Viennent des officiers de police attirés par une dénonciation. Le meurtrier les reçoit avec assurance.

Au bout de peu de temps, je sentis que je devenais pâle, et je souhaitai leur départ. La tête me faisait mal, et il me semblait que les oreilles me tintaient ; mais ils restaient toujours assis, et toujours ils causaient. Le tintement devint plus distinct ; — il persista et devint encore plus distinct, je bavardai plus abondamment pour me débarrasser de cette sensation ; mais elle tint bon et prit un caractère tout à fait décidé, — tant qu'à la fin je découvris que le bruit n'était pas dans mes oreilles.

Sans doute je devins alors très pâle ; — mais je bavardais encore plus couramment et en haussant la voix. Le son augmentait toujours ; — et que pouvais-je faire ? C'était *un bruit sourd, étouffé, fréquent, ressemblant beaucoup à celui que ferait une montre enveloppée dans du coton.* Je respirai laborieusement. — Les officiers n'entendaient pas encore. Je causai plus vite, — avec plus de véhémence; mais le bruit croissait incessamment. — Je me levai et je disputai sur des niaiseries, dans un diapason très élevé et avec une violente gesticulation; mais le bruit montait, montait toujours. Pourquoi *ne voulaient-ils pas* s'en aller? — J'arpentai çà et là le plancher lourdement et à grands pas, comme exaspéré par les observations de mes contradicteurs; — mais le bruit croissait régulièrement. O Dieu! que pouvais-je faire? J'écumais, je battais la campagne, je jurais! j'agitais la chaise sur laquelle j'étais assis et je la faisais crier sur le parquet; mais le bruit dominait toujours, et croissait indéfiniment. Il devenait plus fort, — plus fort! — toujours plus fort! Et toujours les hommes causaient, plaisantaient et souriaient. Était-il possible qu'ils n'entendissent pas? Dieu tout-puissant! — Non, non! Ils entendaient! — ils soupçonnaient! — *ils savaient*, — ils se faisaient un amusement de mon effroi! — je le crus, et le crois encore. Mais qu'importe! quoi de plus intolérable que cette dérision? Je ne pouvais pas supporter plus longtemps ces hypocrites sourires! Je sentis qu'il fallait crier ou mourir! — et maintenant encore, l'entendez-vous? — écoutez! plus haut! — plus haut! — toujours plus haut! — *toujours plus haut!*

« Misérables, m'écriai-je, ne dissimulez pas plus longtemps! J'avoue la chose! — Arrachez ces planches! c'est là! c'est là! — c'est le battement de son affreux cœur! »

Cette description d'une hallucination auditive accompagnée d'une obsession n'est pas seulement une splendide œuvre littéraire; elle est d'une exactitude rigoureuse. Poe nous fait assister à l'apparition d'une perception hallucinatoire d'abord confuse, puis peu à peu distincte et éclatante; nous suivons la trépidation nerveuse agitant le malheureux persuadé de la réalité de ses sensations et qui ne comprend point

le calme de ceux qui ignorent. C'est là une page de
pathologie mentale dont la sécheresse scientifique
est exclue et qui vibre de toutes les angoisses éprou-
vées par le conteur.

On ne trouve point dans l'œuvre de Poe d'exemple
d'hallucinations du goût ou de l'odorat. Dans l'*Ange
du Bizarre* est décrite une hallucination motrice et
dans les *Souvenirs de M. Bedloe*, une hallucination
cénesthétique (Bedloe a la sensation d'être mort).

b) *Obsessions et impulsions.* — « Toute manifestation cérébrale d'ordre intellectuel ou affectif qui
s'impose à la conscience en dépit des efforts de la
volonté, interrompant ainsi pour quelque temps ou
par intermittence le cours régulier des opérations
intellectuelles, est une *obsession*. Tout acte conscièm-
ment accompli, mais qui n'a pu être inhibé par un
effort de la volonté, est une *impulsion*. L'impulsion
est à l'acte ce que l'obsession est à l'idée (1). »

Ces deux états morbides complémentaires l'un de
l'autre et souvent associés ont été décrits par Poe
avec beaucoup de clarté et de précision; il a même
essayé de les définir et de les expliquer. Il appelle
l'obsession, l'exagération de la *faculté d'attention*.

Cette monomanie consistait dans une irritabilité morbide
des facultés de l'esprit que la langue philosophique comprend
dans le mot « faculté d'attention »... L'anormale, intense et
morbide attention ainsi excitée par des objets frivoles en eux-
mêmes est d'une nature qui ne doit pas être confondue avec
ce penchant à la rêverie commun à toute l'humanité, et auquel
se livrent surtout les personnes d'une imagination ardente.

(1) MAGNAN et LEGRAIN : *Les Dégénérés.*

Non seulement elle n'était pas, comme on pourrait le supposer d'abord, un terme excessif et une exagération de ce penchant, mais encore elle en était originairement et essentiellement distincte. Dans l'un de ces cas, le rêveur, l'homme imaginatif, étant intéressé par un objet généralement non frivole, perd peu à peu son objet de vue à travers une immensité de déductions et de suggestions qui en jaillit, si bien qu'à la fin d'une de ces songeries *souvent remplies de volupté*, il trouve l'*incitamentum*, ou cause première de ses réflexions, entièrement évanoui et oublié. Dans mon cas, le point de départ était *invariablement frivole*, quoique revêtant, à travers le milieu de ma vision maladive, une importance imaginaire et de réfraction. Je faisais peu de déductions, si toutefois j'en faisais; et, dans ce cas, elles retournaient opiniâtrément à l'objet principe comme à un centre. Les méditations n'étaient *jamais* agréables; et, à la fin de la rêverie, la cause première bien loin d'être hors de vue, avaient atteint cet intérêt surnaturellement exagéré qui était le trait dominant de mon mal. En un mot, la faculté de l'esprit plus particulièrement excitée en moi était, comme je l'ai dit, la faculté de l'attention, tandis que chez le rêveur ordinaire, c'est celle de la méditation (1).

N'y a-t-il pas dans cette description aussi juste que pittoresque, les symptômes essentiels de l'obsession qui est irrésistible, involontaire, automatique, étrangère au cours des idées?

Poe définit également l'impulsion qu'il appelle l'*esprit de perversité* « sentiment primitif, radical, irréductible ».

Dans le sens que j'y attache, c'est, en réalité, un mobile sans motif, un motif non motivé. Sous son influence, nous agissons sans but intelligible, ou, si cela apparaît comme une contradiction dans les termes, nous pouvons modifier la pro-

(1) *Bérénice*.

position jusqu'à dire que sous son influence, nous agissons par la raison que *nous ne le devrions pas*. En théorie, il ne peut pas y avoir de raison plus déraisonnable ; mais en fait, il n'y en a pas de plus forte. Pour certains esprits, dans certaines conditions, elle devient absolument irrésistible » (1).

Dans presque tous ses contes, on trouve des descriptions d'obsessions et d'impulsions. Nous donnons seulement quelques exemples typiques.

Egœus est sur le point d'épouser sa cousine Bérénice dont la beauté maladive l'a séduit. Peu de temps avant l'époque fixée pour le mariage, il a une hallucination visuelle : Bérénice lui apparaît expirante et, « dans un sourire singulièrement significatif », laisse entrevoir ses dents.

Une porte en se fermant me troubla, et, levant les yeux, je vis que ma cousine avait quitté la chambre. Mais la chambre dérangée de mon cerveau, le *spectre* blanc et terrible de ses dents ne l'avait pas quittée et n'en voulait pas sortir. Pas une piqûre sur leur émail, pas une pointe sur leurs arêtes que ce passager sourire n'ait suffi à imprimer dans ma mémoire. Je les vis *même alors* plus distinctement que je ne les avais vues *tout à l'heure*. — Les dents ! les dents ! Elles étaient là, et puis là et partout, visibles, palpables, devant moi : longues, étroites et excessivement blanche avec les lèvres pâles se tordant autour, affreusement distendues comme elles étaient naguère. Alors arriva la pleine furie de la monomanie, et je luttai en vain contre son irrésistible et étrange influence. Dans le nombre infini des objets du monde extérieur, je n'avais de pensées que pour les dents.

J'éprouvais à leur endroit un désir frénétique. Tous les autres sujets, tous les intérêts divers furent absorbés dans

(1) *Le Démon de la Perversité.*

cette unique contemplation. Elles, — elles seules, — étaient présentes à l'œil de mon esprit, et leur individualité exclusive devint l'essence de ma vie intellectuelle. Je les regardais dans tous les jours. Je les tournais dans tous les sens. J'étudiais leur caractère. J'observais leurs marques particulières. Je méditais sur leur conformation. Je réfléchissais à l'altération de leur nature. Je frissonnais en leur attribuant dans mon imagination une faculté de sensation et de sentiment, et même, sans le secours des lèvres, une puissance d'expression morale. On a fort bien dit de M°° Sallé que *tous ses pas étaient des sentiments* et de Bérénice je croyais plus sérieusement que *toutes les dents étaient des idées.* — *Des idées !* ah ! voilà la pensée absurde qui m'a perdu ! *Des idées !* ah ! *voilà donc pourquoi* je les convoitais si follement ! Je sentais que leur possession pouvait seule me rendre la paix et rétablir ma raison.

L'obsession se double déjà d'une tendance à une impulsion. Bérénice meurt et le soir de ses funérailles, Egœus dans un état d'inconscience absolue se dirige vers le lieu où elle repose, déterre le cadavre et lui arrache ses dents ; rentré dans sa chambre, il ne lui reste aucun souvenir précis de son acte ; il se souvient seulement lorsqu'un domestique lui annonce la violation de sépulture et le forfait commis sur Bérénice qu'on avait enterrée vivante !

L'impulsion commençante se traduit ici par un acte commis dans un véritable accès de somnambulisme. Dans *Le Démon de la Perversité* l'obsession est suivie d'une impulsion consciente et qui se termine après une lutte angoissante dans l'esprit du malheureux obsédé.

Un individu a commis un crime qui n'a pas laissé de traces ; il est sauvé,

J'héritai de sa fortune et tout alla pour le mieux pendant
plusieurs années. L'idée d'une révélation n'entra pas une
seule fois dans ma cervelle... On ne saurait concevoir quel
magnifique sentiment de satisfaction s'élevait dans mon sein
quand je réfléchissais sur mon absolue sécurité. Pendant
une très longue période de temps, je m'accoutumai à me
délecter à ce sentiment... Mais, à la longue, arriva une époque
à partir de laquelle le sentiment de plaisir se transforma, par
une gradation presque imperceptible, en une pensée qui me
hantait et me harassait. Elle me harassait parce qu'elle me
hantait. A peine pouvais-je m'en délivrer pour un instant...
Un jour, tout en flânant dans les rues, je me surpris moi-même
à murmurer, presque à haute voix, ces syllabes accoutumées.
Dans un accès de pétulance, je les exprimais sous cette forme
nouvelle : « *Je suis sauvé, — je suis sauvé ; — oui, — pourvu
que je ne sois pas assez sot pour confesser moi-même mon
cas !* »

A peine avais-je prononcé ces paroles, que je sentis un
froid de glace filtrer jusqu'à mon cœur... D'abord, je fis un
effort pour secouer ce cauchemar de mon âme. Je marchai
vigoureusement, plus vite, toujours plus vite ; à la longue,
je courus. J'éprouvais un désir enivrant de crier de toute ma
force. Chaque flot successif de ma pensée m'accablait d'une
nouvelle terreur ; car, hélas ! je comprenais bien, trop bien,
que *penser*, dans ma situation, c'était me perdre. J'accélérai
encore ma course, je bondissais comme un fou à travers les
rues encombrées de monde. A la longue, la populace prit
l'alarme et courut après moi. Je sentis *alors* la consomma-
tion de ma destinée. Si j'avais pu m'arracher la langue, je
l'eusse fait, mais une voix rude résonna dans mes oreilles,
une main plus rude encore m'empoigna par l'épaule. Je me
retournai, j'ouvris la bouche pour aspirer. Pendant un
moment, j'éprouvai toutes les angoisses de la suffocation ; je
devins aveugle, sourd, ivre ; et alors quelque démon invisible, pensai-je, me frappa dans le dos avec sa large main. Le
secret si longtemps emprisonné s'élança de mon âme.

On dit que je parlai, que je m'énonçai très distinctement, mais avec une énergie marquée et une ardente précipitation, comme si je craignais d'être interrompu avant d'avoir achevé les phrases brèves, mais grosses d'importance, qui me livraient au bourreau et à l'enfer.

Ayant relaté tout ce qui était nécessaire pour la pleine conviction de la justice, je tombai terrassé, évanoui.

Nous ne croyons pas qu'on puisse trouver dans toute la littérature une description d'obsession impulsive aussi admirablement évocatrice tout en restant d'une vérité absolue.

Morella offre un exemple d'une variété rare d'impulsion : une idée impulsive s'empare de l'esprit ; elle est immédiatement suivie d'un acte conscient mais si rapide qu'il paraît être automatique. C'est également à l'impulsion qu'obéissent le héros du *Chat noir*, Bedloe, William Wilson et tant d'autres.

Poe a condensé hallucinations, obsession et impulsion dans un de ses contes, *Le Cœur révélateur* ; on en trouvera plus haut un extrait ; mais tout est à lire dans ce chef-d'œuvre qui est le plus scientifiquement impressionnant de toute la littérature pathologique.

c) *La Peur.* — L'alcoolique à la période d'intoxication chronique est, en partie sous l'influence d'hallucinations effrayantes, soumis au sentiment de la peur. Poe l'a connu avec intensité, nous l'avons vu ; et toute son œuvre est dominée par lui.

Un grand nombre de poésies, presque tous les contes ont pour trame des visions horribles, des cauchemars épouvantables qui laissent le lecteur sous l'empire d'une terreur profonde. Toute une symphonie de terreurs se trouve signalée : celle des animaux (*Le Chat noir*, *Metzengerstein*), du sang (*Pym*) (1), de l'ensevelissement prématuré (*Bérénice*, *La Chute de la maison Usher*), de la solitude (*L'Homme des foules*), de la mort surtout sous toutes ses formes (*Le Masque de la Mort rouge*, *Ombre*, etc.). Dans *La Chute de la maison Usher*, Poe a donné un tableau terrifiant des affres d'un homme en proie à la terreur.

« Je vis qu'il (Usher) était l'esclave subjugué d'une espèce de terreur tout à fait anormale.

« Je mourrai, dit-il, il *faut* que je meure de cette déplorable folie. C'est ainsi, ainsi, et non pas autrement, que je périrai. Je redoute les événements à venir, non en eux-mêmes, mais dans leurs résultats. Je frissonne à la pensée d'un incident quelconque, du genre le plus vulgaire, qui peut opérer sur cette intolérable agitation de mon âme. Je n'ai vraiment pas horreur du danger, excepté dans son effet positif, la terreur. Dans cet état d'énervation, — état pitoyable, — je sens que, tôt ou tard, le moment viendra où la vie et la raison m'abandonneront à la fois, dans quelque lutte inégale avec le sinistre fantôme, — LA PEUR ! »

L'Étiologie. — Poe n'a pas seulement donné une description puissante des divers états morbides que nous venons d'énumérer. Il a compris l'influence de l'hérédité et des tares acquises sur leur éclosion. Tous ses héros qui éprouvent d'une façon aussi intense des phénomènes anormaux sont des dégénérés, des alcooliques ou des opiophages.

William Wilson est un dégénéré héréditaire et un alcoolique, le héros du *Cœur révélateur* est « très

_____
(1) « Ce mot *sang*, — ce mot suprême, ce roi des mots, — toujours si riche de mystère, de souffrance et de terreur. »

nerveux », épouvantablement nerveux, celui du *Chat noir* est un alcoolique; Egœus a toujours été un visionnaire, Usher un mélancolique; Hop-Frog est un dipsomane, le héros de *Ligeia* un opiophage.

Sous des noms divers, c'est toujours sa propre personnalité que Poe a mise en scène avec le cortège de toutes les horribles visions qui ont assailli sa pauvre nature malade.

CONCLUSIONS

I. — Edgar Poe a été un malade ; il a présenté de graves anomalies que le médecin doit étudier, en s'aidant de l'œuvre du poète, vaste autobiographie où les renseignements abondent.

II. — L'étude des antécédents et de la vie de l'écrivain nous montre un facteur héréditaire morbide, se traduisant par une existence déséquilibrée, errante et malheureuse, terminée dans la folie. Poe a été un dégénéré héréditaire et ses tares mentales ont apparu de bonne heure. Dès son enfance, avant ses excès d'alcool et d'opium, il s'est montré foncièrement orgueilleux, égoïste et mélancolique ; ce sont là les manifestations d'un amour de soi exagéré, auxquelles se rattachent des inégalités du caractère. Les opérations intellectuelles, seules à peu près normales, ont eu cependant une intense activité.

III. — A ce fond pathologique s'est ajouté, au début de la puberté, un besoin héréditaire des boissons alcooliques, dipsomanie véritable qui, aggravée quelques années plus tard par l'abus de l'opium, a amplifié tous les caractères morbides de l'état mental. Il a amené du délire des grandeurs, de l'érotomanie; il a créé des obsessions, des impulsions, des phobies; il a causé enfin une diminution progressive des facultés intellectuelles. A la fin de sa vie, Poe est peut-être devenu un dément.

IV. — Les états morbides les plus caractéristiques de Poe ont été transformés par lui en de belles œuvres littéraires. Il les a décrits avec une exactitude et une vivacité de souvenirs qui n'ont d'égales que la perfection de la forme dont il les pare. C'est à la pathologie que se rattache ce qui fait l'intérêt puissant de son œuvre: c'est à sa dégénérescence mentale doublée de son alcoolisme que Poe devra son immortalité.

BIBLIOGRAPHIE

ARRÉAT. — Analyse de l'ouvrage de Lauvrière : E. Poe. In *Revue philosophique*, janvier 1905.

AURÉVILLY (BARBEY D'). — Les œuvres et les hommes. *Littératures étrangères.*

BALL. — Leçons sur les maladies mentales. Paris, 1891.

G. BALLET. — Psychoses et affections nerveuses. Paris, O. Doin, 1897.

—. Traité de pathologie mentale. O. Doin, 1903.

ARVÈDE BARINE. — Névrosés. Paris, Hachette, 1898.

— Hors de France : Une biographie d'E. Poe. *Journal des Débats*, 2 novembre 1904.

BROUSSAIN (D'). — Les manifestations nerveuses de l'alcoolisme. Thèse Paris, 1899.

CABANÈS. — *Chronique médicale.* Paris, 1895-1905.

COLLIER (D'). — Alcool et phtisie. Thèse Paris, 1899.

CHAMBARD (D' E.). — Les morphinomanes. Paris, Rueff.

CHARCOT. — Leçon sur les maladies du système nerveux. Paris.

CHARCOT et RICHET. — Les démoniaques dans l'art. Paris.

J. COURMONT. — Leçons sur l'alcoolisme : cours magistral 1904-1905.

CULLERRE. — Traité pratique des maladies mentales. Paris, Baillière, 1890.

DAGONET. — De l'alcoolisme au point de vue de l'aliénation mentale. *Annales médico-psychologiques*, Paris, 1873.

DALLEMAGNE. — Pathologie de la volonté.

DANIEL. — E.-A. Poe, *Southern Litterary Messenger*, janvier 1848.

DROMART (D'). — Les alcoolisés non alcooliques. Thèse Paris, 1902.

DUBOIS. — Les psychonévroses. Paris, Masson, 1904.

R. DUMESNIL. — G. Flaubert. Paris, 1905.

DUPRAT — L'instabilité mentale. Paris, 1899.

FAIRFIELD. — A Madman of Letters. *Scribner's*, octobre 1875.

FÉRÉ. — La famille névropathique. Paris, Alcan, 1894.

L'instinct sexuel. Paris, Alcan, 1899.

FERRI. — Les criminels dans l'art et la littérature. Paris, Alcan, 1902.

Foville. — Du delirium tremens, de la dipsomanie, de l'alcoolisme. *Archives générales de médecine*, 1867.

Gautier (Th.). – Portraits contemporains, Baudelaire. Paris, Charpentier, 1874.

— Préface aux « Fleurs du mal » de Baudelaire. Paris, Calmann-Lévy.

Gill. — Life of Edgar Poe. New-York, 1878.

Glry. — Études de psychologie physiologique et pathologique. Paris, Alcan, 1903.

Grasset. — La supériorité intellectuelle et la névrose. *Cliniques médicales*, 4e série, Montpellier, 1903.

Griswold. — Poets and Poetry of America. Philadelphia, 1873.

Guillois (Dr). — Étude médico-psychologique sur Olympe de Gouges. Thèse Lyon, 1904.

Hennequin. — Les écrivains francisés. Paris.

Ingram. — Edgar Allan Poe, his Life, Letters and Opinions. London, 1886.

Janet (Pierre) et Raymond — Névroses et idées fixes. Paris, Alcan, 1903.

Krafft-Ebing (von). — Traité clinique de psychiatrie. Paris, Maloine, 1897.

Lacassagne. — Précis de médecine judiciaire.

Ladrague (Dr). — Alcoolisme et enfants. Thèse Paris, 1901.

Lasègue. - Dipsomanie et alcoolisme. *Archives générales de médecine*, 1882.

— La délire alcoolique est un rêve. *Archives générales de médecine*, novembre 1881.

Lauvrière. — E. Poe. Sa vie et son œuvre. Paris, Alcan, 1904.

— E. Poe. L'homme et l'œuvre. *La Vie normale*, novembre 1904.

Legrain. — Hérédité et alcoolisme. Paris, O. Doin.

— Le délire chez les dégénérés. Paris, 1886.

Lélut. — Le génie, la raison et la folie. Le démon de Socrate. Paris, 1855.

Lombroso. — L'homme de génie, 2e édition, 1896.

Loygue (Dr). — Étude médico-psychologique sur Dostoïewsky. Thèse Lyon, 1904.

Lowell (I.-R.). — Edgar [A. Poe. *Graham's Magazine*, februar 1845.

Magnan. — Étude clinique sur l'alcoolisme. Paris, 1874.

— De la dipsomanie. *Progrès médical*, 26 janv. ou 15 mars 1884.

— Leçons cliniques sur les maladies mentales (1882-91).

— Rapport sur le livre d'E. Lauvrière. *Bulletin de l'Académie de médecine*, 24 janvier 1905.

Magnan et Legrain. — Les dégénérés. Paris, Ruelf, 1895.

Magnan et Sérieux. — Le délire chronique. Paris.

Mathouillet (D'). — Étude sur la scaphocéphalie.

Maudsley. — Pathologie de l'esprit. Paris, Baillière, 1883.

Moreau de Tours. — E. Poe au point de vue morbide. *Archives médico-psychologiques*, 1894.

Nordau (Max). — Dégénérescence. Paris, Alcan, 1900.

— Psycho-physiologie du génie et du talent. Paris, Alcan, 1900.

Pitres et Régis. — Les obsessions et les impulsions. Paris, O. Doin, 1902.

E. Poe. — Ouvrages traduits par Baudelaire : Histoires extraordinaires. Nouvelles histoires extraordinaires. — Aventures d'Arthur Gordon Pym. — Eureka. — Philosophie de l'ameublement. — La genèse d'un poème.

— The Works of Poe. Fordham Edition. New-York, Armstrong and Sons, 1900, 6 volumes.

Régis. — La médecine dans la littérature. *Chronique médicale*, février et mars, 1900.

Renard. — La méthode scientifique de l'histoire littéraire. Paris, Alcan, 1900.

Renaud (D'). — Contribution à l'étude de l'alcoolisme congénital au point de vue expérimental et clinique. Thèse Paris, 1901

Ribot. — L'hérédité psychologique. Paris, Alcan, 1887.

— Les maladies de la mémoire. Paris, Alcan, 1892.

— Les maladies de la volonté. Paris, Alcan, 1892.

— Les maladies de la personnalité. Paris, Alcan, 1895.

— Psychologie des sentiments. Paris, Alcan.

— L'homme et l'intelligence. Paris, Alcan, 1887.

Richet (Ch.). — Des poisons de l'intelligence. Paris, Alcan, 1877.

Ritti. — Dipsomanie (*Dictionnaire des Sciences médicales*).

Sartain (John). — Reminiscence of Poe. *Lippincott's*.

Ségalen. — L'observation médicale chez les écrivains naturalistes. Thèse Bordeaux, 1901-1902.

Sollier. — Du rôle de l'hérédité dans l'alcoolisme. Paris, 1889.

Talley-Weiss (Miss). — Last Days of E. A. Poe. *Scribner's*.

Toulouse. — E. Zola. Paris, 1896

Trélat. — La folie lucide. Paris, 1891.

Vixille (D'). — État mental de Beethoven. Thèse Lyon, 1905.

Woodberry — E. A. Poe. Boston, 1895.

— Lowell's letters to Poe. *Scribner's*, août 1894.

Wyzewa (De). — La correspondance d'E. Poe. *Revue des Deux-Mondes*, 15 octobre 1904.

———

Petit.

TABLE DES MATIÈRES

www.ingramcontent.com/pod-product-compliance
Lightning Source LLC
Chambersburg PA
CBHW071231290326
41931CB00037B/2674